D1093667

Enzo Biagi

"I"
come italiani

NUOVA
ERI

RIZZOLI

Proprietà letteraria riservata
© *1993 Nuova Eri, Roma / RCS Rizzoli Libri S.p.A., Milano*

ISBN 88-17-84295-8

Prima edizione: ottobre 1993

«I»
come italiani

«Ah, les Italiens...»
Charles De Gaulle (forse)

«In Italia nulla è stabile,
fuorché il provvisorio.»
Giuseppe Prezzolini

«Se io dirò alcune cose...
colla sincerità e libertà con
cui ne potrebbe scrivere
uno straniero, non dovrò
essere ripreso dagli italiani
perché non lo potranno
imputare a odio o a
emulazione nazionale.»
Giacomo Leopardi

Istruzioni per l'uso

Da ragazzi andavamo a cercare nel vocabolario, con malizia, le parole proibite: c'erano. O nella *Divina Commedia* i versi scabrosi e scurrili: «E Taide è la puttana che rispose...»; «Ed egli avea del cul fatta trombetta»; «Ruffian, baratti e simile lordura».

Potete fare altrettanto, per comodità di lettura, o per curiosità, con questo piccolo dizionario che ha per tema uomini (e donne) e costumi del nostro Paese.

Sottoscrivo una affermazione di Ennio Flaiano: «Mi accorgo che siamo in pochi, ormai, a non conoscere l'Italia. Tutti ne sanno dire qualcosa».

Per cercare di rimediare alle mie lacune, ho cercato di raccogliere e di dare ordine ad alcuni fatti e ad alcune osservazioni che potrebbero aiutare a capire uno dei più straordinari e imprevedibili popoli della terra: il mio. E il vostro.

Non mi considero giudice, ma testimone e anche coimputato: e condivido la spiegazione che diede la moglie di un grande scultore, quando le chiesero perché le piacevano le opere del marito: «Perché le ha fatte lui». È qui che sono nato: e non ho mai sognato un'altra patria.

Scegliete da dove cominciare: amore, Lega, casino o Tangentopoli, Bongiorno o Togliatti? E poi c'è anche..., ma sotto, cominciate a sfogliare. Ogni riferimento ad avvenimenti e a persone è puramente voluto.

Aids

Una mattina di domenica, all'Ospedale San Matteo di Pavia, nel reparto che la clinica delle malattie infettive ha creato per i colpiti dall'Aids. La mia vita di giornalista è segnata da tanti nomi e da tanti volti: ma non dimenticherò mai la faccina rotonda del bimbo Michael, che ha perso i capelli e gioca con Pinocchio e con la pistola, e quella di un uomo di cui non saprò mai nulla, solo che lo chiamano «il missionario». Sento, per un attimo, la sua voce: non vuole parlare, non vuole che si sappia che è là. Non mi racconta la sua storia.

È un giorno di festa anche qui dentro e Michael aspetta la nonna che gli porterà gli spaghetti. Forse pensa che potrà uscire dalla stanza dove vive, da prigioniero, con sua madre, e correre nel corridoio con altri due piccoli ricoverati: non sa che Mirko non c'è più. «È andato a casa» dice.

Quando penserò all'innocenza, penserò a lui, a Michael che non ha colpa. E, quando rifletterò sul mistero dell'esistenza, credo mi verrà in mente «il missionario»: che cosa gli ha procurato il male? Un momento di debolezza o uno slancio generoso? Da dove viene: da una foresta africana, o dalle capanne di un villaggio sul grande fiume dell'Amazzonia? Perché il Signore permette che il castigo cada su un servo di Dio e su una creatura condannata dalla nascita? Di quali tentazioni sono vittime?

Sulle loro cartelle cliniche c'è una sigla: Hiv, che sta per «Human Immunodeficiency Virus», e significa una resa senza possibilità di combattere, e anche una serie infinita di romanzi che non contemplano il lieto fine. In questo padiglione non si diventa vecchi.

Corriamo verso il futuro e ci portiamo dietro le paure del

passato. Quelle raccontate da Boccaccio, nel *Decameron*: «Tutti quasi a un fine tiravano assai crudele, ciò era di schifare e di fuggire gl'infermi e le lor cose», o nel più famoso romanzo di Camus: «Il bacillo della peste non muore né scompare mai».

Guardo il mio camice di carta verde e il copriscarpe, e un po' mi vergogno: è per difendermi o per proteggerli? Anche un raffreddore può ucciderli.

Che parte ha il sesso in queste vicende, che si concludono nelle stanze bunker? Pareva che l'antica morale fosse sepolta, con l'ondata di libertà degli anni Sessanta; poi c'è stata la pillola, che eliminava l'angoscia delle gravidanze involontarie, poi è arrivata questa epidemia: che non ha seguito l'esercito degli invasori, i marinai o i mercanti reduci dai traffici; il Settimo flagello, come lo hanno battezzato, per la cadenza che ha nella storia, colpisce soprattutto chi si abbandona a comportamenti rischiosi, come gli stupefacenti o i rapporti omosessuali, ma il contagio insidia anche chi pratica rapporti «normali». Non tutti sono virtuosi e casti o rispettano gli obblighi della fedeltà, o cercano una ragionevole sicurezza nei profilattici.

È per questo che ci sono ragazze che ricorrono all'inseminazione artificiale? È per questo che hanno inventato l'amore telematico, il messaggio che arriva non con una mano che cerca un'altra mano, ma con il fax?

Michael, «il missionario»: di che cosa sono colpevoli? Con l'Aids, sono cambiati i nostri comportamenti, più prudenza o più rassegnazione? O più cinismo? Intervistato, un liceale parigino ha dato una risposta che sembra condivisa da tanti suoi coetanei: «L'Aids? Ho le stesse probabilità di attaccarmelo come di vincere la lotteria».

Questa volta un biglietto è stato estratto anche per il bimbo Michael: sua madre, nascosta in un angolo, piangeva silenziosamente e lui aspettava il fratellino che poteva vedere soltanto dietro un vetro, senza toccarlo. Per fortuna Michael non sa che cosa vuol dire «sieropositivo»; «il missionario» invece pensa ai lebbrosi del Vangelo che si annunciano con un campanello, che allontana i passanti, e gridano la loro impurità; lui invece ha scelto il silenzio. La sua sofferenza non può dividerla con altri: il suo dialogo è con Dio.

Amore

Giustamente, con la salute e i quattrini, l'amore è il tema più trattato dai sudditi della nostra Repubblica. Secondo Ennio Flaiano se ne parla tanto per noia. Ma anche perché l'argomento è considerato interessante; basterebbe dare un'occhiata ai programmi televisivi: *Harem*, *Scrupoli* – e la squisita signora Sampò chiama il preservativo «vestitino» –, *Agenzia matrimoniale*, *C'eravamo tanto amati*, *Il gioco delle coppie*, e via dicendo.

E poi basta una occhiata alle scritte sui muri, che inneggiano agli indispensabili accessori. O alle lettere dei lettori di certi settimanali (*Nuova cronaca vera*): «Il mio in stato di erezione raggiunge solamente i dieci centimetri. Questo mi rende difficile la vita».

Era un problema anche per un grande scrittore, Scott Fitzgerald, ed Hemingway, per consolarlo, lo accompagnava al Louvre a far confronti con le statue: omoni, ma, lì in fondo, piccolezze.

Chiesi una volta a un famoso chirurgo americano, Kantrowitz, perché ci ostiniamo a considerare il cuore come sede dell'amore: mi spiegò che lui la spostava più in giù.

Molti condividono questa interpretazione e a Bologna si è inaugurata la mostra «Erotica '93» con dibattiti appropriati: si è discusso dei testi classici, come il *Kamasutra*; sembra che la posizione più praticata sia gli occhi negli occhi, e il resto ovviamente al posto consueto.

C'è un'autostrada, l'A 26, che va da Genova Voltri a Gravellona Toce e viene presentata come la preferita dagli utenti del sesso.

C'è l'adolescente che, sorpreso dal padre macellaio sul

divano con una amichetta, in «grande intimità», per la vergogna si spara con la pistola per uccidere i tori un chiodo in testa.

E c'è l'industriale di Padova, ottanta compiuti, che in tre anni, forse per esorcizzare la morte, si è mangiato due miliardi con fanciulle disponibili. Spiegazione del dissesto e delle intrattenitrici: «Si fa fatica ad accontentare il nonno».

E c'è il califfo di Cuccubello (Sicilia), di professione spazzino, che conviveva con sette donne, che lo hanno reso papà venticinque volte, e due figli sono già laureati. Figurava anche, nella squadra, Angelika, una bionda valchiria, che aveva cercato rifugio, perché abbandonata da un pescatore: tutte innamorate, tutte d'accordo.

Tremila giovani spose sono state interrogate durante la luna di miele: solo 5 su cento erano arrivate vergini alla cerimonia.

Come deve essere il compagno ideale? Secondo la ex contessa Marta Marzotto «deve essere chic, procurare lo choc e avere lo chèque».

Ma le fanciulle sognano anche l'abito bianco con lo strascico, il velo candido con tante piccole perle, il mazzetto dei fiori di arancio.

Una volta si predicava la morte della coppia, la fine della famiglia: invece resistono e i figli non vogliono più andarsene di casa. Anzi. La morale evolve, però i sentimenti fondamentali resistono. Il divorzio è una pratica, ma comporta dolore.

«Il pudore delle donne» diceva lo scrittore romagnolo Panzini «lo hanno inventato gli uomini.» Durante una trasmissione Catherine Spaak rivolge all'attrice Marina Malfatti questo complimento grazioso: «Ti sei girata e avevi un bel culo». Frase un po' ardita, ma che rispetta uno stato d'animo diffuso anche nel mondo femminile: «Io vado fiera del mio sedere» dichiara la top-model Carla Bruni. «È sexy, moderno, pratico.» Ci sono precedenti: Joséphine Baker, del suo, diceva: «È intelligente». Ognuno poi ragiona come può o come crede.

I simboli dell'infinita tenerezza sono, come è ovvio, Giulietta e Romeo: c'è anche chi gli scrive, a Verona. Falso il balcone e falsa la storia dei ragazzi Capuleti e Montecchi: del resto, canta ancora l'usignolo?

Conosco storie più belle, anche più nobili. Come quella del cameriere bergamasco, emigrato in Sudafrica quando la legge imponeva una rigida divisione delle razze che, invaghitosi di una giovinetta nera, si travestì da watusso, si tinse ignobilmente faccia e corpo, andò a vivere con la tribù, fece qualche mese di carcere e poi lo cacciarono via.

Quella moglie che dopo l'8 settembre del 1943 partì da sola verso la Iugoslavia per andare a cercare il marito disperso. Lo trovò senza le gambe, lo caricò sulle spalle e lo riportò a casa, un po' di strada ogni giorno, con il suo grande bambino.

Quella della puttana che in un paese dove erano arrivati i marocchini vogliosi e stupratori correva da un posto all'altro in bicicletta per salvare «quelle perbene».

Durante uno scavo trovarono una lapide che segnava la tomba di una meretrice romana. C'era scritto: «Potere finalmente dormire con le gambe unite». Dice un verso di Pasternák: «Io non amo chi non è mai caduto».

Animalisti

Non porto pellicce, ma mangio carne e pesce in quantità moderata, con verdure varie per contorno. Mi fanno pena i vitelli ingabbiati e sottoposti agli estrogeni, i maiali ammucchiati nei camion, le bestie sgozzate in ossequio alle regole delle confessioni musulmana e israelitica. Mi fanno però ridere quei camion confortevoli che si incontrano lungo le autostrade con la scritta che ammonisce gli automobilisti: «Attenzione: trasporto cavalli da corsa». Guai a «bocciare». E se fossero da tiro?

Bisogna evitare di far soffrire buoi, capre, montoni, e capisco Marguerite Yourcenar che era diventata vegetariana «per non digerire l'agonia»: anche se nessuno ci ha assicurato che il radicchio strappato non soffre.

Si può essere contrari alla caccia, ma – per coerenza – bisogna anche battersi contro la pesca: perché il merluzzo impigliato nella rete o la trota con un amo in bocca non sono più allegri del coniglio che aspetta la botta sul collo. E l'aragosta bollita viva è ragionevolmente felice?

Brigitte Bardot si batte in Francia e incita la gente perché boicotti la bistecca di equino, e per il pollastro tirato su industrialmente neppure un sospiro? E il fegato d'oca, e il porcellino, squisita specialità sarda, arrostito sulla brace, e le coscette delle rane?

Non c'è in questa campagna, mossa da sentimenti rispettabili, qualcosa di eccessivo e anche un po' di protesta senza rischi che fa tanto moda? Si avverte, o no, un po' di fame nel mondo?

E perché tanta solidarietà per il visone e nessuna attenzione per il vitello? Nessuno, che io sappia, rinuncia alle scarpe.

Arte

André Chastel è uno dei grandi specialisti del Rinascimento italiano. Insegna al Collège de France. A un intervistatore ha raccontato qualche segreto dei grandi della pittura, gli aneddoti, *la petite histoire* che in qualche caso contiene più verità dell'altra, quella importante e ufficiale.

E se ne ricava, ovviamente, oltre alla certezza che le miserie umane non hanno stagione, anche qualche ammonimento.

Così si impara che un maestro della critica, Adolfo Venturi, battezza *La derelitta* una figura prostrata esposta alla Galleria Pallavicini di Roma e l'attribuisce al Botticelli: più tardi si scopre che l'autore è Filippo Lippi e che il ritratto non rappresenta una donna, ma Mardocheo.

E, poi, le irrefrenabili rivalità: Raffaello che consiglia al papa Giulio II di far dipingere la volta della Sistina a Michelangelo, che dimostrerà così di essere un incapace, e il Bramante è al centro dell'intrigo; e poi lo stesso Michelangelo è così di cuore tenero che disprezza Leonardo e non può trattenersi dal dirgli: «E quegli imbecilli di milanesi che han creduto in te»; e ancora Michelangelo ingiuria il Perugino, maestro nelle pubbliche relazioni, definendolo «goffo nell'arte», e finiscono davanti a un tribunale, per un processo per diffamazione.

E il Pordenone e Tiziano, che si amavano poco, tanto che l'artista friulano dorme con una spada accanto, temendo qualche iniziativa sgradevole dell'autore della *Venere di Urbino*.

Niente di nuovo. Come diceva il mio amico Luciano Minguzzi, guardando le opere degli etruschi: «Ci hanno copiato».

Atomo

A New York conversai a lungo con Emilio Segrè, premio Nobel per la fisica e grande amico di Enrico Fermi.

Quarant'anni fa, a Chicago, trovai nella casella dell'albergo un invito a cena; e così una sera ebbi il piacere di sedermi a tavola con il professore, che allora insegnava all'università, e mangiai dei buoni spaghetti, che aveva cucinato la signora Laura, e bevemmo del vero Chianti.

Con un fiasco di quel buon vino, nel dicembre del 1942, Fermi e i suoi collaboratori brindarono, con bicchieri di carta, perché in un improvvisato laboratorio della città erano riusciti a far entrare in funzione la pila atomica. Si era realizzata la reazione a catena: cominciava, per il mondo, una nuova epoca.

Non dimenticherò mai quell'incontro: Laura Fermi mi parlò di un libro che stava scrivendo, che si sarebbe poi intitolato *Atomi in famiglia*, e io la misi in contatto con la Mondadori; lo scienziato preferiva parlare d'altro: era entusiasta dei film di Rossellini e di De Sica, gli piaceva tanto *Don Camillo* di Guareschi, fece solo un breve accenno al suo lavoro per ricordare che i primi esperimenti, a Roma, li aveva fatti con un pezzo di ceralacca.

Erano i giorni del sospetto: Bruno Pontecorvo aveva appena tagliato la corda dalla ospitale Londra, dove si era rifugiato nei tempi bui, per raggiungere Mosca, patria, allora, dei suoi ideali.

Chiesi a Emilio Segrè se a Los Alamos, dove stavano preparando la bomba, i ricercatori si sentivano tormentati da problemi morali, se c'erano tra loro dissensi filosofici o umanitari.

Mi raccontò che, se nasceva qualche contrasto, ciò accadeva magari tra le mogli per faccende di convivenza, come l'assegnazione di abitazioni più o meno confortevoli, ma che tutti erano presi dall'impegno di arrivare prima di Hitler, e con un'arma più potente e risolutiva, perché la guerra finisse il più presto possibile.

I dubbi di Oppenheimer vennero poi e ispirarono drammi e biografie anche romanzesche. Un'inchiesta, quando imperversava il senatore McCarthy, durante la presidenza di Eisenhower, lo dichiarò *security risk*, che vuol dire, più o meno, individuo infido e sospetto. Forse era soltanto ingenuo.

Avvenire

A me pare che Sua Santità sia perfettamente al corrente di come stanno andando le cose nelle sue parrocchie. Ha dato ordine di riproporre agli onori e alle preghiere dei fedeli una venerata immagine della Madonna che, fin dal Medioevo, viene portata in processione quando Roma è minacciata dai disastri: pestilenze, carestie, invasioni di lanzichenecchi o di presunti liberatori.

Non credo che papa Wojtyla abbia ascoltato i discorsi del senatore Bossi, che considera non azzardata una seconda marcia sulla capitale: andò bene al maestro di Predappio, ma non intravedo grandi possibilità per un collega di Cassano Magnago (Varese).

Non ritengo che il pontefice patisca a vedere la cittadella del potere assediata; anche secondo i vescovi è ora di cambiare compagnia. Nessuno sa però se la salvezza verrà dai Popolari per la riforma, dalla sinistra di governo, dalla Rete o dai miglioristi, ma è certo che nel mondo c'è un profondo senso di commiserazione per le vicende della nostra Repubblica.

Il successore di Pietro parla cinque o sei lingue e segue con attenzione la stampa straniera; non gli sarà sfuggita la recente inchiesta di un autorevole quotidiano parigino, serenamente intitolata: «La seconda caduta dell'impero romano».

Nel dramma gli stranieri vedono anche gli aspetti comici: e ridono della vicenda del bollo che nello spazio di un mese d'estate, per la brillante iniziativa di un ministro, ha cambiato il prezzo tre volte: e poi i tabaccai non lo avevano. Mentre esplode la rabbia dei commercianti, un diligente cronista è andato in visita a Cusano, un paesone, per rendersi conto di come i cittadini pagano le imposte: i salariati, secondo le denunce rese pubbliche dal sindaco, figurano con 30 milioni di imponibile, i gioiellieri con 13, i poveri parrucchieri, in media, con 4.

Sghignazzano gli osservatori all'idea che, con la lottizzazione, alla testa di una Usl è finito magari un macellaio. E forse anche del fatto che l'erario sarà severissimo con chi possiede elicotteri, riserve di caccia e yacht lunghi 18 metri.

Onestamente: che cosa pensare di una nazione dove la polizia deve proteggere dall'assalto dei camorristi i camion che trasportano pomodori? Che ha 300.000 falsi invalidi e 15.000 automobili blu e mille uffici postali sottoutilizzati, mentre in Sicilia, alla vigilia delle elezioni, hanno assunto 3000 portalettere?

E che dire delle ferrovie? Stesso personale di quelle francesi, metà traffico. Non si taglia il numero dei dipendenti, si riducono i binari. La mafia incombe, ma 700 Vip (?) impongono la scorta di 3700 poliziotti. Di 25 dighe in costruzione, 10 sono inutili.

Un amico di ritorno da un viaggio in Belgio ha sostato in un luogo di grande suggestione mistica, a Bruges: le suore benedettine alloggiano nelle casette che si specchiano sul canale, immerse nel verde e nel silenzio e, come le antiche beghine, pregano per la salvezza delle anime.

Ma ci sono anche le esigenze del corpo: e una latrina pubblica è a disposizione dei pellegrini. Però c'è una tariffa: si accettano marchi, franchi, sterline e via dicendo; dove stava scritto lira, una striscia di adesivo copre la cifra. Non la vogliono: e l'italiano o possiede altre valute o se la fa addosso.

A Luxor i ragazzetti assalgono i turisti: se gli dai qualche dollaro, ti riempiono della nostra poco apprezzata moneta.

«Salvi chi può l'Italia» è l'intestazione di una corrispondenza da Roma. E l'analisi è crudele: evasione fiscale, lavoro nero, carenza dei servizi pubblici, ambiguità dello Stato, ostaggio di Cosa Nostra, e bisogna risparmiare sulle pensioni, sulla salute, sulle paghe, e i sindacalisti che interpretano il malcontento non si salvano con le promesse, ma con gli scudi di plexiglas.

Ed è così che a Torino, a piazza San Carlo, tra i manifestanti, hanno visto una donna incinta che sventolava una bandiera sulla quale aveva scritto: «Perché nascano tanti Di Pietro».

Ogni giorno la tv trasmette, con le previsioni del tempo, il bollettino degli arresti di politici, di burocrati e di imprenditori.

Ce la faremo? E gli altri, come se la passano? Sono forse migliori di noi?

L'ho chiesto a uno che viaggia, e conosce tante «piazze» e tanti pubblici: Luciano Pavarotti.

Secondo il critico Rodolfo Celletti rappresenta «la tenorilità», secondo il grande Karajan è superiore anche al mitico Caruso. Ogni volta che si presenta in televisione richiama più spettatori di quanti ne ebbe in tutta la vita lo straordinario cantante napoletano.

Time gli ha dedicato la copertina. Negli Stati Uniti è sempre in cartellone: a San Francisco, a Chicago, al Metropolitan di New York.

«Ci salveranno» dice «un'immensa fantasia e una storia che ci fa essere filosofi veri. A un italiano non gliela racconti: anche il contadino ha alle spalle millenni che lo rendono scaltro. Siamo una Nazione giovane. In Inghilterra alcuni anni fa era proibito uscire dal Paese con più di venti sterline. Dissi ad alcuni amici: "Non preoccupatevi, vi darò io dei soldi, poi me li restituirete". Nessuno accettò.

«A Londra ho tenuto un concerto al parco, decine di migliaia di persone. Uno ha detto al microfono: "Per favore, chiudere gli ombrelli". Lo hanno fatto subito, tutti insieme. Più si è latini e meno c'è solidarietà. Siamo usciti da periodi peggiori.»

Riccardo Muti racconta che la fatica più grande è stare lontano da casa: con quella sua bacchetta e le sue orchestre è sempre in giro – uno spartito dopo l'altro, le città, i teatri si inseguono, come nelle immagini di un film.

Gli ho chiesto chi è, oggi, che ci fa considerare con rispetto all'estero, che fa parlare di noi; oltre ai mafiosi, s'intende, e ai protagonisti degli scandali.

«Fortunatamente» dice «Fellini è il simbolo di un'Italia

che interessa gli americani: sono stato tanti anni a Filadelfia. Per la strada senti dire: "Sembra una scena felliniana", il che significa che il gigante, nonostante l'ingratitudine dei compatrioti, è difficile da battere.

«E anche, naturalmente, la nostra arte: Michelangelo, pronunciato male, resiste ancora con Leonardo. Ce li invidiano.

«Poi l'opera è un messaggio che richiama fortemente l'idea del nostro Paese; più di una illustrazione. Anche per i tedeschi o a Vienna: il settanta per cento dei cartelloni è composto dal nostro repertorio.

«Senza voler tirare l'acqua al mio mulino, la Scala conserva un grandissimo carisma; ha detto di recente un critico: "È il monte Everest".

«E l'Italia più di colore: Capri, con l'accento sulla i, che fa pensare a un formaggio francese o all'isola dei sogni, la Grotta Azzurra, i vini. Certamente la moda, l'oreficeria. La pizza nel mondo è più famosa della Coca-Cola.

«Io sono ottimista. Ci siamo sempre riusciti. Al di là di tutte le cose brutte che leggiamo e che effettivamente esistono, noi possediamo anticorpi straordinari. Ci vorrà pazienza, lavoro, serietà e più attenzione alle forze genuine, non ai litigiosi, agli arrabbiati, a quelli che ci stanno disabituando al dialogo. Io diffido di coloro che posseggono la verità, ma credo che nella natura dell'italiano esista, perché è millenaria, quella saggezza che ci salverà.»

Bari

Si arriva a piazza San Nicola attraverso un dedalo di piccole strade, tra botteguce sempre gremite, in un colorito viavai di gente, costeggiando un muraglione di pietra: si varca un arco, ed ecco apparire, in uno spazio spesso deserto, quella che una studiosa, Pia Belli d'Elia, descrive come «la più antica e la più severa di tutte le costruzioni romaniche di Puglia, solida ed essenziale come una fortezza, monumentale simbolo della potenza religiosa benedettina, della forza civile e militare normanna».

San Nicola non è soltanto il protettore di Bari, ma al suo nome è legato anche qualcosa dello spirito dei suoi devoti che per procurarsi un patrono, novecento anni fa, imbarcarono trentasei marinai, con la missione di andare a Mira, in Asia Minore, sfidando il mare e le tempeste, per recuperare le reliquie del virtuoso cristiano.

Dice un proverbio locale che «i sacrifici nascono prima dei figli», e i pugliesi hanno come più spiccata virtù l'intraprendenza, una instancabile voglia di fare: e, non disponendo di risorse naturali, si sono buttati nei traffici.

Si racconta che arrivarono gli arabi e vendettero ai baresi tappeti orientali, ma poi i baresi andarono in Oriente e rivendettero agli stessi arabi i loro tappeti, traendone, ovviamente, un certo utile. Il barese, è una massima, o vende o muore. Hanno sofferto la febbre dell'acqua come altri quella del petrolio e dell'oro: e fino al 1912, quando venne inaugurato l'acquedotto, una flottiglia di battelli cisterna scaricava, perché fosse messa in vendita, quella che veniva definita «la prelibata acqua di Napoli».

Quando si dice Bari, si vuole alludere, o pensare, alle

Fiere del Levante, e quindi ai commerci: la città è un'unica, grande vetrina, e i greci, gli albanesi, i montenegrini, i bulgari, i turchi e i ciprioti sono da secoli abituati a venire quaggiù a mercanteggiare lane e sete, olii e vino, grano e bestiame.

Ma c'è anche un folto tessuto di piccola e media industria, e ci sono oltre che una prestigiosa università centri di ricerca e di calcolo avanzatissimi, tecnologie raffinate e d'avanguardia, impianti d'informatica.

Bari è una delle province più ricche d'Italia, che contende a Palermo e a Napoli il titolo di capitale del Sud e il cui sviluppo, anche caotico, perché il calcestruzzo ha dilagato, le ha procurato la fama di California selvaggia.

È lontana la rappresentazione tratteggiata da Giuseppe Schiraldi, uno scrittore che in questa terra è nato, e che riporta agli anni della società contadina: «La casa aveva la facciata dipinta di bianco, come se quella mano di calce avesse dovuto rendere più nitida l'immagine della famiglia. Il bianco era per lui pulizia e decoro. Candidi dovevano essere i colletti delle camicie, immacolate le tovaglie alla tavola anche quando non riusciva a nutrirlo. Una dignità difficile da mantenere. Credeva bisognasse comportarsi davanti alla miseria come in faccia alla morte. Ignorandola per poterne vincere la paura».

Se il leccese, dicono, è contemplativo e il foggiano fatalista, il barese quello che vuole, lo fa. E ha ragione Francesco Sorrentino quando scrive: «Siamo fatti così noi meridionali, passiamo la vita a vergognarci proprio di cose che non dovremmo. Ci sforziamo di sembrare milanesi. E facciamo malissimo».

Berlinguer Enrico
(1922-1984)

Se Togliatti era «il Migliore», Enrico Berlinguer è il più rimpianto.

Lo avevano battezzato «il sardo-muto», perché era nato a Sassari e perché parlava poco. L'ho intervistato una volta sola: e tra la domanda e la risposta c'era il tempo per andare a prendere il caffè. Non incoraggiava né i discorsi né l'aneddotica: casa e ufficio, e qualche rara apparizione ai festival dell'*Unità*. Diceva un amico: «È nato vecchio». E un altro: «Se gli viene da ridere, pare quasi che si vergogni».

Era uscito dal liceo per entrare nel partito. Circolava una celebre battuta di Pajetta: «Giovanissimo si iscrisse alla segreteria del Pci». Non aveva concluso l'università, ma conosceva profondamente i teorici del marxismo e i classici della politica. Dicevano che, per esempio, non sapeva quasi nulla dei poeti. E aveva percorso tutta la carriera senza scosse e, credo, anche senza intrighi.

Mi confidò qualcosa della sua vita, con linguaggio attento e pudico. La ribellione comincia quando è ancora ragazzo, ma nella sua nobile famiglia, che figura anche nel *Libro d'oro della nobiltà italiana*, si contesta quasi per tradizione. Ha alle spalle un bisnonno repubblicano, un nonno che va con Garibaldi e un padre che è contro Mussolini.

L'adolescente Enrico discute tutto: Stato e religione, frasi fatte e usi mondani. Nella libreria di uno zio trova il *Manifesto* di Marx, ma la suggestione maggiore la esercitano gli operai che, nel 1921, hanno seguito Bordiga.

Il 23 luglio 1944, a Salerno, conosce Palmiro Togliatti. È appena arrivato da Mosca. Parlava alla radio, una voce lontana e disturbata, con il nome di Ercole Ercoli o di Mario Correnti.

Alla mensa del ministero delle Finanze, dove all'ora dei pasti, dato che non esistono ristoranti, si ritrovano i collaboratori di Badoglio per sfamarsi con terribili pappette americane e carne in scatola, lo presentano a Benedetto Croce. E ciò che lo colpisce maggiormente è il buon appetito che dimostra il filosofo.

A differenza di Gramsci e di Togliatti, che a scuola erano molto bravi, lui è stato un allievo normale: molti 6, qualche 7, pochi 8. Mentre lo ascoltavo, dava una sensazione di distacco, ma anche di grande sincerità.

A tanti anni dal nostro colloquio, rileggendo le note di allora, trovo che nelle sue misurate dichiarazioni c'era già il senso di quello che avrebbe fatto. Rievocava gli entusiasmi del 1945, la fede nell'Urss e in Stalin, i dirigenti al di sopra di ogni critica, poi si sono poste delle questioni e si sono discusse. Infine lo scossone del XX Congresso. Ma non vedeva più l'Unione Sovietica come un Paese fuori da ogni sospetto: «Non nascondiamo la nostra simpatia, ma neppure la nostra posizione, che non esclude il dissenso. In ogni caso il tipo di socialismo che si può e si deve costruire da noi è tutto diverso. Ci sono stati gli errori, che bisogna ammettere, perché non basta la ragione storica a spiegare certe limitazioni a un regime di democrazia. Alcune libertà, come quella di stampa, hanno un valore assoluto. Ma bisogna che ci siano anche i mezzi per renderle effettive».

Mi è capitato raramente di ascoltare un politico che mantiene quello che dice: un altro era Willy Brandt.

Gli feci un'obiezione scontata, gli raccontai quella barzelletta che recitava Totò. Gli annunciavano l'arrivo di un russo e lui aveva paura: «Ma è un russo buono» diceva l'attore che faceva da spalla. E lui: «Sempre russo è». E l'altro insisteva: «Ma è un russo bianco». «Sempre russo è.» E non è sempre comunista?

«Non esiste nessun partito» disse «che per definizione sia alieno dal prendere tutto il potere. Ma perché la Democrazia cristiana, avendone la possibilità, non ha instaurato la sua dittatura? Non posso dire: Dio sa che sono sincero.» «Perché?» chiesi. «Perché non sono credente.»

Lo è sua moglie; e il compromesso storico lo aveva realiz-

zato in famiglia. Aveva voluto che i figli facessero liberamente le loro scelte.

Quell'uomo taciturno, dalla faccia scavata e dai capelli
grigi, aveva sfidato «i fulmini di Mosca». Si era staccato dal
modello sovietico per cercare una terza via, tra i socialdemo-
cratici e le esperienze di Oltrecortina.

Credo gli siano costati fatica e dolore dovere dire ai suoi
che lo spirito della Rivoluzione del 1917 non bastava e che
molte delusioni lo avevano soffocato.

Ha scritto Isaak Babel': «Vedevamo il mondo come un
prato di maggio, un prato su cui vanno e vengono donne e
cavalli». Quegli idealisti crudeli, quegli apostoli armati, sono
stati sconfitti.

Bologna

«Vado in piazza» dice il cittadino. Ed è inteso che parte per il centro, dove c'è il Palazzo del Podestà, quello dei Notai, quello dove fu tenuto prigioniero re Enzo, la fontana del Nettuno e San Petronio, il tempio dedicato al protettore.

Bologna è stata chiamata in tanti modi: la dotta, per via dell'università, la grassa, per la cucina, la galante, perché ci si trovarono bene tutti i viaggiatori, come Boccaccio, o il dissoluto marchese di Sade, e gli studenti che vi arrivano da ogni parte; io preferirei: la umana, per la sua gente, laboriosa e tollerante, epicurea e devota della Beata Vergine di San Luca. «Bologna è bella» scriveva Giosue Carducci. «Gli italiani non la ammirano quanto merita: ardita, fantastica nella sua architettura trecentesca e quattrocentesca.» Con i suoi edifici rossi, con i 45 chilometri di portici costruiti per la comodità degli uomini, per proteggerli dalla pioggia e dal sole, per permettergli di camminare e discutere. San Petronio, si legge nei manuali, «è una delle più alte creazioni dell'architettura gotica in Italia».

Davanti alla gradinata, di solito, preparano i palchi. Ce ne è quasi sempre uno. Bologna è tollerante e ama ascoltare anche quelli che la pensano a modo loro. È molto cambiata, ma la sua leggenda resiste ancora: spariti i vecchi caffè, come il San Pietro, e parecchie osterie; il *Resto del Carlino* è finito ben oltre le mura, quasi in campagna; la squadra di calcio non fa più «tremare il mondo»; l'Arena del Sole, dove recitarono i grandi, da Zacconi a Petrolini, aspetta di ritornare teatro: il lunedì pomeriggio si dava uno spettacolo per i barbieri, le lavandaie, gli arrotini; rappresentavano *Amleto, La morte civile, Il processo dei veleni*.

Un altro mondo, e ho ancora nella memoria certe immagini, scomparse con le due guerre, immortalate in fotografie color seppia: un pranzo di spazzacamini, e per terra ci sono i mazzetti di tamerici, la vecchina delle caldarroste che aspetta i ragazzi della scuola, i carri trainati dai buoi che portano botti di mosto ai signori, i mercanti di granaglie, la biblioteca dell'Archiginnasio, le prime del Comunale, che fece conoscere Wagner; queste istantanee furono distrutte con la rivoltellata di Gavrilo Princip, nel 1914, a Sarajevo.

La mia infanzia e l'adolescenza sono quelle di un balilla: e in piazza Maggiore c'era sempre l'adunata e i ragazzi facevano discorsi maliziosi sul Nettuno del Giambologna, con le fontane che gli spruzzano addosso quasi un centinaio di zampilli.

Questa piazza è un grande ritrovo, che ospita gli hippies e i turisti, e fa da sfogo a via Rizzoli, a via Indipendenza e al Pavaglione e a via Ugo Bassi, le strade del passeggio.

Sullo sfondo le torri: più alta quella degli Asinelli, 97.60 m, e prende nome da un'antica famiglia, e ci si può andare in cima, basta sopportare 498 gradini, poi la Garisenda.

Ricordo quando, dal colle della Guardia, scendeva in città la venerata Madonna di San Luca, una vergine bizantina dalla faccia nera e affaticata delle povere contadine, e le folle la accompagnavano: in piazza benediva i fedeli, e questo popolo concreto, che non sa dire nel suo dialetto: «Ti amo», ma «Ti voglio bene», si inginocchiava.

Bongiorno Mike
(1924)

«La vita» recita il ritornello di una canzone «è tutta un quiz.» Infatti c'è il caso di quel pensionato che riesce a rispondere alla domanda finale e cade, per l'emozione, fulminato da un infarto. Un altro è morto compilando il 740: ma per i soldi che gli chiedeva lo Stato.

Eroe del giochetto televisivo è Mike Bongiorno: in lui addirittura la gente identifica la tv. Da trent'anni, ha notato Giancarlo Liuti, passa la vita tra cabine, pulsanti e notai e sempre con lo stesso entusiasmo e con la stessa affezionata clientela.

La sua storia comincia con *Lascia o raddoppia?*, 26 novembre 1955. Tra i compilatori dei quesiti c'è anche Umberto Eco. De Sica la definì «una passerella di umanità». Ricordo tra gli ospiti d'onore Riccardo Bacchelli e il presidente del Partito liberale, onorevole De Caro: aveva anche in testa il cappello dei bersaglieri. I giornali pubblicavano il resoconto stenografico delle puntate, come per le grandi sedute della Camera. Il papa ricevette in udienza privata Mike e la signorina Edy Campagnoli, con il velo nero.

Per quell'ora si rinviavano i consigli comunali; nei cinema sospendevano la proiezione e si collegavano con la Rai. Diminuivano gli incidenti stradali.

A sud di Napoli, le immagini trasmesse dal Teatro della Fiera di Milano non arrivavano, e fu un altro problema del Meridione. Si accendevano furibonde discussioni: a chi andava il merito di avere scopiazzato il giochetto americano? Chi diceva Sergio Pugliese, chi un ingegnere o un dottore, il cui nome, ahimè, è stato cancellato dal tempo.

Tutto cominciò un giovedì sera dell'inverno del 1955,

ma il vero trionfo fu toccato qualche mese dopo, nel 1956: quell'anno, però, e mi rivolgo soprattutto ai giovani, andrebbe ricordato anche per altre storie. In ottobre, gli ungheresi insorsero e demolirono il monumento a Stalin. Il 4 novembre arrivarono i carri armati russi e il cardinale di Budapest si rifugiò nell'ambasciata degli Stati Uniti.

Ci fu la guerra d'Egitto, Nasser contò 3000 morti, 22 gli inglesi e 10 i francesi.

Al cinema si imponeva la figura del «bullo», che poi trovava il suo posto anche nella vita. Il capostipite era Marlon Brando, noi dovevamo accontentarci di Maurizio Arena. Erano giovanotti nevrotici, storditi, in ogni caso robusti e disperati. Uno, James Dean, si ammazzò in una corsa folle, molti si rifugiarono nella psicoanalisi o nella droga. I nostri eroi di quell'epoca si sono invece gonfiati di mozzarelle e fettuccine e, perduto il peso forma, hanno trovato Dio.

Ma sto parlando soprattutto di *Lascia o raddoppia?* e di ciò che accadde in quei giorni. Cominciò l'èra del quiz, che non finirà mai, ma ho anche la certezza che quei trionfi, quella partecipazione, siano irripetibili.

Sembrava un passatempo trascurabile, affidato a un presentatore miope e candido (forse) e a una fanciulla belloccia, così riservata che non si sentì mai la sua voce; le avevano affidato la funzione del cestino. Le passavano, infatti, delle buste stracciate. Non faceva altro, ma diventò famosa.

Cinque milioni e centoventimila lire di premio e una gara appassionante, con l'illusione di partecipare alle Olimpiadi del Sapere; alla competizione fu ammesso anche qualche cretino con molta memoria.

Nasceva la valletta che, con il moderatore, è uno dei ruoli più vaghi e inutili della tv: sarebbe gradito qualcuno capace di tener su il discorso.

C'era il gusto della scommessa, il rischio e il denaro, che rendevano la competizione avvincente: infatti il solo primato che impegna la Nazione è quello che si misura la domenica con le schedine del Totocalcio.

Poi, fondamentali, i personaggi, e se gli esperti talvolta non azzeccavano la domanda, quasi sempre indovinavano il tipo giusto, capace di fare spettacolo.

Il copione sembrava, in qualche serata, scritto da Edmondo De Amicis: ecco il muratore di Santa Marinella che, con le vincite, intende acquistare una casa per la figliola che va a nozze; Marina Zocchi partecipa perché ha la mamma tanto malata, e la sua caduta commuove perfino Faruk, che invia un assegno alla sconfitta dalle lancette dell'orologio e dall'amnesia; qualcuno scivola sull'esatto impiego del controfagotto, o su una buona ricetta per cucinare l'abbacchio, perché gli interessi degli aspiranti ricchi erano universali.

Per tutti, anche per quelli che non infilano una risposta giusta, e vengono sopraffatti dall'inesorabile notaio, c'è un gettone d'oro; la tv vuole che i concorrenti siano consolati.

Sfila davanti al pubblico un campionario di ragazze che i cronisti rendono celebri con le loro definizioni: c'è la bella di Pratolino e la leonessa di Pordenone, la tabaccaia di Casale Monferrato e la sceriffa della Lomellina, ma compare anche una squisita contessa di Torino che sa tutto, o quasi, di Dante Alighieri. Mike, intimidito, le bacia la mano.

Ma il mondo è cambiato e anche la tv: dalle gambe velatissime delle sorelle Kessler all'ombelico, scoperto, di Raffaella Carrà, dalla divulgazione scientifica e perfino ornitologica – è memorabile la battuta di Mike: «Signora Longarini, ma lei mi sta cadendo sull'uccello» – al tema dell'erotismo, con la campionessa Pierangela Vallarino.

Solo Bongiorno procede imperterrito e trionfante: perché, spiega Umberto Eco, esprime «un ideale che nessuno deve sforzarsi di raggiungere, perché chiunque è già al suo livello».

Cagliari

Piazza Palazzo è, per Cagliari, l'emblema del potere e della fede: dove oggi risiede il prefetto alloggiavano i viceré spagnoli e i sovrani sabaudi. Santa Maria, costruita nei primi decenni del XIII secolo, con gli elementi barocchi disegnati nel Settecento dallo Spotorno, è la cattedrale. Dentro alcuni «pezzi» pregevoli: come il pulpito realizzato da mastro Guglielmo per una chiesa di Pisa e donato dalla città toscana, che ha lungamente dominato in Sardegna, a Cagliari. Poi un trittico fiammingo, lasciato da un soldato spagnolo che lo aveva rubato durante il sacco di Roma.

Sono monumenti della antica Sardegna e un punto di riferimento per gli abitanti di questa città chiusa in se stessa, piccola parte di un continente che si caratterizza per molti aspetti straordinari; dalla fauna – foche, asini bianchi, mufloni e cavalli selvaggi – all'artigianato – con il telaio si fanno tappeti e arazzi come una volta e i colori si ricavano ancora dalla natura. Si fa il nero con l'infuso di noci, e con le foglie di ontàno il giallo, il rosso si ricava dalle scorze di melagrana e i disegni ripetono antichi motivi ispirati dal mondo circostante: alberi, uccelli, puledri corvini, pavoni, galli, fiori, grappoli.

Da lassù, dalla città che si alza sopra la costa, si gode la bellezza del Golfo degli Angeli: «Più che vivere dentro la bellezza del mare,» scrive Guido Piovene «a Cagliari lo contempliamo: lo contempliamo come un quadro dai quartieri alti e dai giardini a terrazza. Direi che è un posto di mare che non accende fantasie navigatorie o esotiche. Ed è il luogo di concentrazione dell'intelligenza sarda, non divagata, ma raccolta nelle tradizioni dell'isola, i suoi bisogni, il suo futuro.

«Certo è piacevole andare tra gli avanzi della città vecchia, tra archi, angiporti, viuzze e botteguzze artigianali: ammirare il castello, le due torri, la cattedrale.»

Quando diciamo Sardegna, pensiamo a spiagge dorate, a fondali rossi, a profili nuragici e a un popolo altero e ospitale che ha la fierezza degli antichi pastori guerrieri. E anche a una società che ha leggi primitive, ma nelle quali i rapporti sono sempre ispirati dalla lealtà: costumi semplici e rispetto delle tradizioni, più attenzione alla sostanza delle cose che all'apparenza.

La donna, ad esempio, che ha nella famiglia un ruolo dominante, ma vive nell'ombra. L'uomo sta via mesi, lei resta a casa e provvede ai figli. Secondo gli antichi codici, il povero può rubare a chi possiede, ma solo una capra da latte e l'essenziale per vivere. Tutti danno due pecore a chi ha perduto il suo gregge, e si chiude un occhio, gli si consente qualche furterello.

Nel paese, quando esistono parentele, o affinità, si formano i clan. Nel sardo c'è una certa resistenza a quello che viene da fuori: perché ne è stato sempre calpestato. Un proverbio dice: «Ruba chi resta in casa e chi viene dal mare». C'è una parola assai in uso: *balente* e sta per valoroso. È un titolo che riconoscono a chi ha coraggio, a chi merita. È il terreno aspro e avaro che ha spinto il sardo alla pastorizia, e la mancanza di una dimensione vitale ha reso il suo carattere chiuso e spigoloso. Chi viveva sulle spiagge si apriva ai commerci, aveva contatti con gli altri mondi, ma nessuno si avventurava verso l'interno. La vendetta è la risposta a un atto ingiusto. Nessuno fa la spia, perché la morte è sicura. Ma non tradiscono mai la fiducia.

Adesso il giovane guardiano di armenti ha cambiato abitudini: e il denaro gli serve e lo pretende, per andare in città a farsi i riccioli, per la Kawasaki, per i jeans. Cagliari resta sempre una città di passaggio: di merci e di gente, tutto destinato ad altri luoghi. Sul suo molo si scambiano e si incontrano cose e vicende umane.

Camerati

Giuseppe Bottai, di persona, non l'ho mai conosciuto. Ma l'ho sempre stimato. Era, tra i gerarchi fascisti, certamente il più aperto, molto colto e capace di autocritica: «Il destino di un uomo» ha scritto «è la sua coscienza». Ed è stato il solo che ha pagato gli errori, andando ad arruolarsi, soldato semplice, nella Legione straniera.

Ho anche, nei suoi confronti, un dovere di gratitudine. Quando avevo vent'anni pubblicò due o tre miei brevi racconti su *Primato*, la sua rivista, alla quale collaboravano le grandi firme della letteratura e del giornalismo e qualche giovane speranza. Non l'ho mai dimenticato, come sempre ricordo Giorgio Vecchietti e Giorgio Cabella, che allora mi diedero, con generosità, una mano.

Ho letto, con appassionato interesse, il suo *Diario: 1935-1944*, curato con molta intelligenza da uno dei pochi storici che sanno anche raccontare: Giordano Bruno Guerri. È una acuta radiografia di un'epoca, un testo pieno di notazioni, di riferimenti, anche di aneddoti e di ritrattini secchi e incisivi, dalla quale emerge la crisi di un regime e la fine di un mondo. Perché Bottai, a parte certi vezzi (dice «Affrica», «sur una guancia»), ha gusto, forza di rappresentazione, umore.

Sentite De Bono: «Ha un viso di capra felice. Un breve colloquio mi conferma la sua dote principale: il buon senso». Buffarini-Guidi: «Un piccolo uomo condannato al tradimento». Per Badoglio prova una antipatia profonda dovuta «alla volgarità della sua persona fisica». È circondato da un clan di figli, nipoti e devoti che «tacitata la stampa, su ogni nome e azione non sua, asservita la censura, opera con metodo».

Bottai annota molte delle sue avventure in Abissinia. Quando parte, Mussolini gli dice: «Ti invidio, sei ancora così giovane e puoi fare una seconda esperienza di guerra».

Anche stavolta, un disastro; arrivano da Bologna quattro sezioni chirurgiche: una è comandata da un dentista, una da un pediatra, una da un ostetrico e l'altra da un otorino.

Il bombardamento dell'Amba Alagi è considerato un successo, perché secondo un'intercettazione pare ci siano 60 tra morti e feriti. Badoglio definisce De Bono «un rammollito», e Graziani «un capo di bande armate». Farinacci, che ci lascia una mano, in una impresa per niente eroica, si raccomanda: «Che nessuno dica che eravamo a pescare».

Del duce, riporta una serie di definizioni: prevede, per il prossimo conflitto, una durata «di sette settimane», e sbaglia evidentemente il conto; l'Albania «è una provincia italiana senza il prefetto»; la Cecoslovacchia «è la nave portaerei della Russia»; dall'impero si aspetta «pelli, lana, cotone»; ha un progetto: «Un giorno bisognerà fare una marcia su Napoli, per spazzare via chitarre, mandolini, violini».

Il re e Rachele lo chiamano «il presidente», e durante una festa in Sicilia il duce «adocchia le ragazze più graziose», senza squisitezze di linee, un po' tarchiate e grasse, e si butta nella danza.

Ha scelto come biografi due ebrei: Emil Ludwig e Margherita Sarfatti, che è stata anche sua amante, e prova qualche imbarazzo quando deve associarsi a Hitler: «Sono stanco» spiega «di sentire ripetere che una razza, la quale ha dato al mondo Dante, Machiavelli, Raffaello e Michelangelo, è di origine africana».

Mena il vanto di essere lui l'estensore del manifesto con il quale si ingaggia la nuova battaglia: e si scopre, con qualche sorpresa, che gli israeliti sono 70.000 contro i 44.000 previsti, ma precisa: «Le nostre direttive non sono né persecutorie né distruttive».

A questo punto anche Bottai, ministro dell'Educazione nazionale, va in crisi, perché gli manca «una irresistibile resistenza morale», e deve procedere all'epurazione degli insegnanti semiti e all'esclusione degli alunni, e Balbo gli rimprovera la fiacchezza. Decide i provvedimenti «con una tal commozione».

Il nome che torna più di frequente è Galeazzo Ciano, «un ragazzo vano e astuto, che ascende con un ondeggiare di mongolfiera»; ma poi, dietro a quell'apparenza tronfia, scopre un individuo «vivo ed energico, di una furberia sempre in agguato, dotato di una memoria prodigiosa, di acutezza e tenacia non comuni».

Ciano considera Alfieri «un cretino fedele», disprezza Grandi, che ritiene «uno dei massimi responsabili della corsa alla guerra», ed è molto critico sulle iniziative del suocero. Già De Bono annuncia: «Sta combinando una serie di fesserie. Un giorno o l'altro lo facciamo fuori».

Altro che il tu, il voi e la stretta di mano: «Contiamo» confida Galeazzo «su 13 mila cannoni, di cui oltre 4 mila tra nostri e tolti al nemico nel '15. Valle, che è responsabile dell'Aeronautica, va gridando di non avere "caccia" e di non disporre che di 50 ore di volo, l'ammiraglio Cavagnari dichiara che la Marina è pronta a farsi affondare: la proporzione con inglesi e francesi è di 6 a 1. Solo il generale Pariani fa lo spaccatutto. La verità è che non siamo pronti. Ci vuole un buffone come Starace per dire il contrario. Il popolo non vuole questa guerra. Non la sente. Non ci crede».

Il duce non sopporta chi critica le cose tedesche, ma per Ciano «la Germania è un gigante tubercolotico». Descrive l'ultimo incontro con Hitler, depresso, perché costretto a qualche penosa ammissione: «La Russia bolscevica» confessa «è stata per me una sorpresa»; se avesse appena sospettato l'ingente massa di armamenti dell'Armata rossa avrebbe esitato ad attaccare.

Sono tanti i segni di disfacimento, e Bottai li avverte anche nell'aspetto del capo: «Il suo volto è, ormai, d'un vecchio, il capo canuto; e v'è, nel suo dire, qualcosa di accorato, di mortificante».

Nelle pagine affiora anche la piccola cronaca o il pettegolezzo; si parla di Susanna Agnelli, che va a Roma in terza classe per economia, e Ciano commenta: «Neppure viaggiando il nonno vuol restituire allo Stato il denaro che gli ruba con le forniture»; Galeazzo, che non fuma, non beve, non gioca, «ha per suo vizio un nottambulismo ciarliero tra donne facili e uomini compiacenti»; compaiono anche Missiroli, «con quella sua allucinata scaltrezza di animale notturno», e l'accademico d'Italia Papini, che avendo sposato una cameriera, dice: «Quasi tutti prendono moglie per avere una serva, io prendo una serva per avere una moglie».

La tristezza è condensata in una battuta: «Se i tedeschi perdono, noi siamo perdenti, se vincono, noi siamo perduti».

Una citazione, e il perché dei voti del 25 luglio 1943, la ritrovi nella difesa del generale Marmont, accusato di avere tradito Napoleone: «Fin che egli ha proclamato: – La France – l'ho amato e servito, quando ha detto: – La France et moi – l'ho amato un po' di meno e ho continuato a servirlo. Poi ha invertito: – Moi et la France – e l'ho soltanto servito. Infine ha detto: – Moi – e io mi sono rifiutato di servirlo».

Il duce è ormai solo, e una perfida barzelletta lo presenta nel bagno, nudo, con accanto Claretta: «Che guardi, Benito?» chiede la signora. Risposta: «Gli ultimi coglioni che mi sono rimasti attaccati».

Capire

È giusto dire ai figli: «Imparate le lingue!». Si farà l'Europa e guai a chi non sarà in grado di farsi capire. Rowohlt, un importante editore tedesco, ha pubblicato uno svelto volumetto, *Sprachbuch Italien*, di rapida consultazione e aggiornatissimo sull'evoluzione che ha subìto, in tempi anche recenti, il dolce idioma. Già i risguardi dell'operetta annunciano il tono realistico e disinvolto del libro dovuto alla collaborazione di quattro specialisti: ecco una rapida scelta delle frasi ritenute, suppongo, di uso comune: «Non te la prendere», «Mi prendi per il culo?», «Guarda che sono cazzi acidi», «Ho i coglioni pieni», «Tu sei fuori di testa», «Hai avuto un colpo di culo», «Cornuto, non mi prendere in giro», «È stupendo», «Vedete di andarvene affanculo», «Porca miseria», «Che tenerezza».

Gli autori conoscono bene la materia e vogliono soccorrere lo straniero che capita nel Paese dove fioriscono i limoni: sciopero, si dice: «Streik»; alla faccia tua: «Dir zum trotz»; imprecare: «Fluchen»; fregarsene: «Auf etwas pfeifen»; incazzarsi: «Sich ärgern»; cavolate: «Dummheit»; fidanzata: «Verlobte»; pomiciare: «Knutschen»; la cazzata: «Blödheit»; vaffanculo è un po' complicato: «Lech mich am Arsch, zieh' Leine»; mentre pisciare è elementare: «Pissen», semplicemente.

Naturalmente nel luogo adeguato: cesso: «Klo», e magari dopo essersi fatto uno spinello: «Joint». È tanto facile capirsi.

Casanova Giacomo
(1725-1798)

Quando il bagnino delle spiagge adriatiche si avvicina alla Fräulein e l'invita a vedere l'eclissi dietro i capanni, la risposta arriva monotona e ineluttabile: «Tu Casanova, tu bandito dell'amore».

Quando il giovane scrittore Maksim Gor'kij va a trovare il vecchio Lev Tolstoj e il discorso cade sugli italiani, il giudizio del creatore di *Anna Karenina* è sprezzante: gentaglia che mette al mondo e manda in giro soprattutto tipacci come Cagliostro e Casanova.

Ciarlatano, mago, istrione, falso cavaliere di Seingalt, l'avventuriero veneziano è sempre, in un certo senso, il simbolo del grande amatore: un connazionale da esportazione ma, secondo la testimonianza del principe di Ligne, era brutto – però evidentemente piaceva.

Secondo il conto degli esperti devono essere annoverate al suo attivo 116 conquiste, ma avrebbe raggiunto, quanto a rapporti, quota 3000. Umiliato addirittura da un belga, il romanziere Georges Simenon: ha dalla sua 500 opere e ha fatto l'amore con 10.000 donne, 6000 erano «professioniste».

Una volta venne a Milano a trovare il suo editore Arnoldo Mondadori. Toccò ad Alfredo Panicucci, un redattore di *Epoca*, accompagnarlo in giro per la città. Il mattino dopo gli chiedemmo come avevano passato la serata: «Mi ha chiesto» raccontò Panicucci «dove si potevano trovare delle belle puttane».

Federico Fellini, che a Casanova ha dedicato un film memorabile, dove sull'erotismo si distende il cupo senso della morte, lo giudica impietosamente: «Un pupazzone che andava in giro con ventidue orologi addosso, una specie di fascista che concepiva il sesso come competizione, e che si muoveva in ambienti piccoli, giarrettiere, ciprie, tricorni, ventagli, con qualcosa di animalesco, di molle, di femmineo: un eroe della letteratura galante, mai diventato uomo».

Nel finale della pellicola, balla tristemente con una grande bambola: «Una vita» dice Federico «consumata per la facciata».

A tavola ha gusti grossolani: selvaggina, triglie, anguille, granchi, ostriche, formaggi forti, ritenuti forse cibi afrodisiaci; a letto ha spiccate predilezioni: «Ho sempre constatato» scrive nelle *Memorie* «che quelle che amavo sapevano di buono, e più la traspirazione era gagliarda, più mi sembravano soavi».

Non ha pregiudizi né ambizioni; inventa la parola «manostuprazione», si concede qualche abbandono al feticismo: «Baciai le mutandine che avevano nascosto alla mia vista le sue tenere meraviglie»; non disdegna le ammucchiate: le due amiche «cominciarono i loro lavori con un furore che parevano tigri vogliose di sbranarsi».

Non lo sgomenta neppure l'ipotesi, e la pratica, dell'incesto: «Gli incesti, soggetti eterni delle vicende greche, invece di farmi piangere mi fanno ridere», ma ha anche slanci sentimentali: «Bacio l'aria perché ti avvolge».

Ha anche insospettabili delicatezze; usa il preservativo, detto «pelle morta», sempre che la dama gli assicuri che, nonostante l'impedimento, trovi l'esibizione «completamente all'altezza» della fama di Giacomino.

Che qualche numero doveva pure averlo, se tra le sue frequentazioni figurano Voltaire, Caterina di Russia, Federico il gran re prussiano e anche Madame Pompadour, che affrontò in una sapida conversazione.

«Da dove viene?» gli chiese la signora.

«Da Venezia.»

«Arriva veramente da laggiù?»

«Venezia, madame, non è laggiù, ma lassù.»

Non aveva illusioni; ricorda con simpatia la disinibita ragazza Sgualda: «Elle me donnait de l'amour, et je lui donnait de l'argent». Pari.

È morto, in miseria, in un castello boemo, dileggiato dai servi. Parlava, parlava, ma non gli credevano.

Casino

È un motivo ricorrente, ma che l'imperversare dell'Aids ripropone: riaprire le case chiuse? Pare che più della metà degli italiani sarebbe favorevole: per motivi igienici, per garantire un maggior controllo della prostituzione. Che per il momento è libera: senza la sorveglianza dei medici e senza l'obbligo della ricevuta fiscale. Sembra che il rischio maggiore non sia costituito dalle professioniste, che sono attente alle precauzioni, ma dalle ragazze tossicodipendenti, che si vendono per procurarsi la droga.

In Germania funzionano da tempo gli Eros Center, che dalle nostre parti venivano chiamati, meno pomposamente, casini; in Francia c'è chi suggerisce il ritorno all'antico, a quelle storie rese memorabili dalla penna di Guy de Maupassant: *Maison Tellier*, patetica avventura delle «signorine» di un «ritrovo» di provincia in un giorno in vacanza, o *Palla di sego*, pseudonimo di una fanciulla «di piccola» virtù, ma capace anche di eroismo.

Tornare ai vecchi bordelli? Non so se sia un rimedio e, per gli interessati, se è ancora un affare. Molte cose sono cambiate: sono scomparse le «illibate» degli annunci economici, è stata inventata la pillola, invece della «passeggiatrice» immortalata dalla cronaca c'è la «clakson-girl», con vettura propria, e «ciò che un tempo si chiamava amore» ha scritto Alberto Moravia «oggi si chiama sesso». In tv mettevano la calzamaglia alla danzatrice Alba Arnova, oggi esplodono le tettone di *Colpo grosso*. Del resto, il bikini si vede già nei mosaici della villa romana di Piazza Armerina.

Erano 5000 gli «stabilimenti» liquidati dalla combattuta Legge Merlin nel settembre del 1958, data storica, e le pensionanti cambiavano ogni quindici giorni. Quando fu pubblicato il romanzo *Quelle signore*, dedicato alla categoria, ebbe un enorme successo: più di 120.000 copie in due anni. Noi, studentelli, leggevamo *La fossa* di Kuprin, e ricordo ancora una frase terribile, quando una piccola peccatrice agonizza: «Il dottore venne, non accorse».

Non ho nostalgia di quei locali, tanto idealizzati nelle morbose fantasie dell'adolescenza, perché non ho neppure il rimpianto della giovinezza: è andata così.

Ma furono il luogo di convegno, di scoperta dei «misteri», degli incontri conturbanti, o sguaiati, o anche gentili, di qualche generazione: e Indro Montanelli affidò ad *Addio Wanda!* la celebrazione di quei riti e la elencazione dei vantaggi, o dell'utilità, delle «persiane chiuse».

«Era come una sorta di club» ha scritto, con accenti sinceri, il rimpianto amico Pietro Bianchi «che serviva a riempire le ore vuote, a ritrovarsi con gli amici, a sfogare le esuberanze dell'età. Era, se volete, un'abitudine cinica, ma non rappresentava, per gli scapoli, una cosa da vergognarsene... Si pensava con serenità, e senza il minimo dubbio, che chi non avesse fatto le proprie prove con le ragazze di vita sarebbe stato un mediocre marito, destinato inevitabilmente a portare, presto o tardi, le corna.»

Non credo che questo problema assilli i giovanotti di oggi; la verginità non ha più alcun valore, o se ne ha, è molto relativo, in Sicilia; le coppie non si sposano, ma spesso convivono; e la «separata» non è più messa al bando dalla società, e sono di moda la ragazza madre e il ragazzo padre: e chissà mai come si regolerà, poi, il ragazzo figlio.

L'onorevole Angela Merlin, socialista umanitaria, combatté la sua lotta in nome della morale: contro lo sfruttamento, la complicità dello Stato, la condizione femminile umiliata. Aveva ragione e affrontò dure polemiche e l'impopolarità: anche la politica, alla fine, la respinse. Allora il grande peccato era la sifilide: e i medici, si racconta, facevano la diagnosi con il malato al mattino, in un'ora meno propizia allo sconforto e alle tentazioni suicide.

Contro l'Aids non c'è il «salvarsan», non c'è rimedio. Ma

non so se basterebbe, come soluzione, resuscitare quel mondo patetico e crudele che Federico Fellini ha raccontato con la consapevolezza di chi lo conobbe e con la pietà dei poeti. C'è ancora un posto tra massaggiatrici, accompagnatrici, estetiste per Strana, Yvonne, Lulù?

Catania

Piazza Duomo è il riferimento ufficiale per dire Catania: come la via Etnea è quello mondano. Colpisce l'armonia degli edifici che la circondano e le strade ampie, con gli sfondi scenografici, che vi sboccano. Nel mezzo c'è la fontana dell'Elefante che la gente chiama «diutuv», e sta per Diodoro, un famoso negromante dell'età bizantina che esercitava le sue stregonerie in questi luoghi.

Catania vuol dire tante cose: l'Etna, prima di tutto, con la lava che talvolta si incendia di rossi bagliori, i boschi, i vigneti, le piante di pistacchio. Vuol dire Bellini, e la sospirosa definizione di «cigno» gli sta giusta per le melodie, meno appropriata per il senso concreto degli affari, che distinse il compositore di *Norma*, capace di ottenere compensi più alti di quelli del Mercadante e rispetto maggiore anche di Rossini; vuol dire Giovanni Verga, che Pietro Citati giudica «un uomo secco mediocre e incolto, abitato da pensieri ovvii e da sentimenti comuni», che scrisse però due capolavori come *I Malavoglia* e *Mastro-don Gesualdo*.

Ora Aci Trezza, patria di Padron 'Ntoni, è scomparsa, uccisa dal cemento; dove erano le casette dei pescatori, sono spuntate le ville e i condomini e il villaggio è un centro turistico, e dove si distendevano le reti si esibiscono bionde ragazze nordiche in bikini.

Chiamano Catania «la Milano del Sud»: e non so se è proprio un complimento. Ha i vizi delle metropoli, senza i vantaggi: uno sviluppo caotico, che cancella le testimonianze di una antica civiltà. Anche il centro storico decade, e non soltanto quella che fu chiamata Terra dei Ciclopi, per raccontare le avventure di Ulisse e più tardi quelle, umanissime, dei personaggi verghiani: via Etnea che era il salotto, il giardino, il palcoscenico di Catania, ha perso molto del vecchio fascino. Pindaro chiamava Catania «città dei gagliardi» per la fierezza della sua gente, che si rivela perfino all'opera dei pupi: le marionette di Palermo piegano le ginocchia, le catanesi no: sono rigide, perché non si inchinano davanti a nessuno. «Questo» dice lo scrittore Sebastiano Addanu «è un popolo sempre in attesa di una risposta.»

Ma cerchiamo di evitare i luoghi comuni. Osserva Paolo Isotta: «La passionalità e la focosità dei meridionali non sono che un motivo letterario, nemmeno così illustre: il distacco, l'obiettività, la pazienza, lo scetticismo, sovente l'ipocondria, caratterizzano in realtà l'uomo del Sud».

Io direi: anche lui. Ma se la cattedrale, che i normanni vollero come chiesa fortezza, dedicata dalla pietà dei devoti a Sant'Agata, con le sue parti sveva e barocca, ha il richiamo dell'arte, io consiglierei il viaggiatore di varcare l'arco che porta alla Pescheria, per immergersi in quello della vita: grida, volti, odori, i banchetti colmi e luccicanti di scaglie costituiscono una scena indimenticabile.

Scrive Mario Soldati: «E tutto insieme, il vento fresco, il profumo di iodio e di alghe, il vocio della folla, i gridi dei venditori, le ombre profonde, le vividissime luci, i colori, l'argento, il verde, l'azzurro, il rosso dei pesci, era una composizione di una vitalità inebriante, tutto ci piaceva, tutto ci tentava».

Il pesce dello Ionio, che nelle osterie si trasforma in piatti di sarde al beccafico, con i capperi, le olive bionde, la cipolla e il formaggio siculo, o il pesce spada al salmoriglio, all'origano; o se amate le verdure, ricordate la zuppa di fave fresche e i carciofi della piana, ripieni di aglio e di prezzemolo e cotti nella carbonella. Occorre uno stomaco robusto, ma siamo nei paraggi dei personaggi omerici, che scagliavano massi come se fossero coriandoli, o delle marionette impavide che scintillano d'oro, di piume, di spade.

Cattolici

Ottanta italiani su cento credono in Dio. Saremmo, dunque, il popolo più devoto d'Europa: ma solo un terzo è convinto che, dopo la morte, ci sia una possibilità di dannazione. La colpa più grave è la violenza: seguono bestemmia, calunnia e droga. Lievissimi peccati per questi religiosi sono l'evasione fiscale e l'assenteismo dal lavoro.

Al servizio dei fedeli funzionano quasi 26.000 parrocchie, governate da 226 diocesi. C'è un sacerdote per ogni 972 abitanti e nei conventi pregano 150.000 suore.

La maggioranza dei seguaci della Chiesa di Roma non condanna il sesso fuori dal matrimonio: incerta è la valutazione dell'omosessualità, che molti però assolvono.

Il papa non ha divisioni, Stalin voleva sapere: quante?, ma comanda quasi 39.000 preti e 238 vescovi, che dispongono per l'apostolato di giornali, case editrici, radio e anche di 54 tv. C'è anche una Associazione cristiana dei lavoratori (Acli).

Nessun segno apparente di anticlericalismo: i giovani non sanno nulla dell'*Asino* di Podrecca, un giornale che difendeva il popolo, paragonato al somaro «utile, paziente e bastonato», dagli «inganni dei frati, delle monache e del pontefice», o del *Don Basilio*, che sparì dalle edicole dopo le elezioni del 1948.

Solo trenta «pecorelle», come le chiama il Vangelo, sulle cento che dovrebbero formare il gregge, si ritrovano alla messa della domenica. Le altre sono smarrite e non rispondono neppure più all'appello del pastore, quando le esorta a votare per la Dc.

Cognomi

Una volta, alla radio, un bravissimo giornalista, Gigi Marsico, fece una esilarante intervista con un brav'uomo che dalla nascita viveva un dramma: si chiamava Pernacchio. Cercava disperatamente una soluzione.

Ricordo che nell'elenco telefonico di Milano alla lettera *C* figurava una signora dall'identità imbarazzante: Culin Rosa. Da un articolo di Andrea Lambertini imparo che «in base alle norme di legge contenute nel Regio Decreto 1238 c'è un ripiego per i cognomi ridicoli, vergognosi, o che denotano origine illegittima».

Sembra che il maggior numero di richieste di un cambiamento si registri in Puglia, dove si segnalano diversi Pisciavino, Cacchio e Chiappa, mentre in Campania sono in imbarazzo, al momento delle presentazioni, i signori Muoio e Mastronzo, e in Sicilia hanno qualche problema le famiglie Ficarotta. Attenti i coniugi Vacca a non battezzare la figlia Vera. Anche il Nord ha i suoi Contacessi, Bastardi, Maiale, Pissarotti, Finocchi, Figuccio e Purgato, e non potevano mancare i Puzzone.

Ogni anno più di mille cittadini di questo Paese cercano dunque di sottrarsi al sorriso ironico, o alla battuta allusiva: e penso alla soddisfazione del signor Cacchio quando ha potuto cambiare con una sola lettera – diventando Lacchio – un triste destino, cominciato magari sui banchi di scuola.

C'era già, ai miei tempi, qualche maestro spiritoso, che rifacendosi a una canzonetta di moda mi diceva: «Adagio, Biagio». Che risate.

Cornuto

Di solito lo si urla all'arbitro. Offesa terribile al Sud: c'è chi, per questo insulto, ha ucciso. È un tipo di tradimento che al Nord, invece, è più accettabile; in Emilia dicono: «Meglio una torta in due che una merda da solo». Si organizzano, con tanto di manifesti, sfide calcistiche tra becchi e giovanotti. Ci sono balli esclusivi per i traditi.

A Bologna la galanteria fa parte della tradizione. Già il giurista Bulgaro, allievo di Irnerio, detto «Bocca d'oro», per l'acutezza dei suoi responsi, che morì sul finire del 1166, decise in tarda età di prendere moglie e scelse una bella e graziosa creatura, che da tempo, però, ignorava la virtù dell'illibatezza.

La mattina dopo le nozze, per tagliare corto alle chiacchiere, cominciò così la lezione: «Rem non novam nec inusitatam aggredimur», c'è capitata una cosa né nuova né insolita.

Cuccia Enrico
(1907)

Ho parlato con Michele Sindona parecchie volte: nel suo ufficio, alla Franklin National Bank di New York; nel salotto, all'Hotel Pierre; in uno studio televisivo di New York. Poi in un carcere Usa e in uno italiano, poco prima del finale. E sempre, nel discorso, tornava il suo nome: Enrico Cuccia, il nemico numero 1. A lui, l'avvocato, attribuiva gran parte dei suoi guai.

E a me, ascoltando quella descrizione fosca, veniva in mente la figura dell'omino sfuggente, che davanti ai fotografi si agita in maniera ossessiva, muovendosi come in un frenetico balletto, sempre vestito compostamente di scuro, cappelluccio di feltro in testa; il riservato e sbiadito signore che qualche volta ho incontrato in libreria e che mi han presentato in un paio di banali occasioni, senza che ne ricordi neppure la voce.

E invece è uno dei personaggi più potenti in circolazione: qualcuno lo ha definito «il santone della finanza italiana»; Guido Carli lo presenta come «il siciliano delle montagne, a sangue freddo»; e il biografo più informato, Gianni Baldi, lo riassume con poche parole: «Ombroso, segreto e antipatico».

I suoi amici, i punti di riferimento sono, oltre al citato Carli, Bruno Visentini e, in passato, Ugo La Malfa, maestro e protettore: nessuno assegnerebbe a questa severa compagnia l'Oscar della cordialità.

Il dottor Cuccia è un laico meno programmatico; dicono che è cattolico osservante e con abitudini familiari assai austere: si concede, tutt'al più, qualche buon ristorante, passa le serate leggendo testi di storia, di economia, di buona letteratura, o ascoltando la figlia Auretta che suona il pianoforte. Non frequenta convegni mondani, non va al cinema o a teatro, non è socio di circoli del golf o di club per soli gentiluomini.

Raccontano che disprezza i politici, i giornalisti e, in larga misura, gli imprenditori, e con particolare accanimento quelli delle aziende statali; forse è una visione troppo totalitaria, ma non si può dargli completamente torto. Penso abbia una scarsa considerazione della natura umana, se la diffidenza appare come la caratteristica più spiccata della sua complessa immagine.

Deve tutto al leggendario Mattioli, il presidente della Comit, che lo piazzò alla Mediobanca, ma neppure a lui riferì delle manovre che stava dirigendo per combinare la fusione tra la Montecatini e la Edison. Glielo fece sapere soltanto pochi minuti prima che il «caso» esplodesse, rendendo anche un po' ridicola la posizione del suo vecchio benefattore.

È capace di battere pazientemente a macchina, con due dita, certe delicate relazioni, perché nessuno sappia nulla dei suoi progetti. Ha sposato una delle tre figlie di Alberto Beneduce, il fondatore dell'Iri, che era un genio degli affari, e anche nell'inventare dei nomi, tanto che battezzò le innocenti creature: Idea Socialista, Italia Libera e Vittoria Proletaria. Enrico Cuccia è il marito di Idea, mentre Italia andò sposa a Remigio Paone, il grande impresario.

È divertente fantasticare sui rapporti tra i due cognati. Paone tutto esuberante, mania di splendore, gusto del colossale: spettacoli lussuosi, interi treni noleggiati per portare gli ospiti a feste da prìncipi, per una prima dell'Osiris, o per le recite di Ruggeri a Londra, debiti sottoscritti con allegria. «Lei» disse a un giornalista «mi diffama: non sono cento i milioni di passivo che devo pagare, ma il doppio.»

Si vedevano a Natale, ma «errepi», questa era la sua sigla, non ha mai chiesto nulla all'autorevole congiunto. Dicono che Enrico Cuccia teme il contatto e la curiosità della gente, ma che nel rapporto diretto è un incantatore di serpenti. Per Cuccia è una vera soddisfazione ricevere Agnelli o Pirelli nella foresteria del suo istituto; ha al servizio un cuoco, che prepara raffinate colazioni per un ristretto numero di commensali. Pare che non risparmi la battuta che ha pronta e incisiva; del famoso accordo Calvi-De Benedetti disse: «Ottimo. Ma uno dei due ha fatto un grandissimo errore».

Gli piace molto il ruolo dell'eminenza grigia, comandare senza salire sul podio, essere più che apparire. Scrive Balzac che lo sguardo del banchiere «è avido e indifferente, chiaro e oscuro, brillante e cupo».

Qui ci siamo. Gianni Agnelli e Leopoldo Pirelli, che lo stimano, e mi auguro siano ricambiati, si sono rivolti a lui, e così molti dei componenti di quel Gotha dell'industria e dell'economia che adesso vanno raminghi per il mondo.

È giudicato un accentratore: tutto passa per il suo tavolo. Per Cuccia Mediobanca è la ragione ultima: importante è che funzioni e che guadagni. Del suo operato non rende conto che, sommariamente, agli azionisti, e soltanto in occasione dell'assemblea annuale. Delle autorità di Roma se ne infischia. C'è una dichiarazione che gli è attribuita, e che è stata stampata, piuttosto cinica, ma riflette il suo punto di vista: «L'unico modo di trattare con il potere politico è corromperlo».

Ha compiuto ottantacinque anni e dovrebbe essere già da un pezzo in pensione. È difficile vederlo impegnato a coltivare orchidee o a riscoprire la bellezza dei classici: si aggirerà ancora in via Filodrammatici e si farà sentire. Ha costruito il delfino, Vincenzo Maranghi, più giovane e con molti meriti, ma farà molta fatica a non intervenire, a non dire la sua. Il lavoro, dieci, dodici ore al giorno, è stato il suo impegno; l'hanno intravisto anche per Ferragosto, in una Milano accaldata e deserta.

Fin che era vivo Adolfo Tino, il presidente, con il quale aveva molta confidenza, ogni pomeriggio, alle 5, andavano, per il caffè, al Biffi-Scala. Poi i tempi sono mutati, deve farsi accompagnare dalla scorta e c'è sempre l'automobile blu che lo aspetta per riportarlo a casa. Dal luglio 1979, uccisione dell'avvocato Ambrosoli, anche la sua esistenza è cambiata. È comparso un nuovo sentimento: la paura. Gli avevano incendiato la porta dell'abitazione e spesso voci anonime sussurravano al telefono orribili minacce.

E il dottor Cuccia, che aveva taciuto anche con i magistrati, ha dovuto parlare ed è stato costretto a far viaggio per l'America e a incontrarsi con un Michele Sindona pronto a qualunque gesto. Al ricatto si accompagna la violenza. E il duro, onestissimo Enrico Cuccia va all'Hotel Pierre, alla sua Canossa, e poi chiede protezione e confida ai giudici la verità.

Tutti d'accordo nell'esaltarne la probità, la passione, quasi maniacale, per il mestiere, le capacità fantastiche di invenzione e la cultura. Non pare però che le sue trovate abbiano avuto sempre buon esito. Quando gettò le basi per la fusione tra Montecatini ed Edison, mise assieme due zoppi, nel tentativo di trasformarli in un corridore. Persero la corsa, ma lo *starter* non ci rimise niente, anzi. Poi si diede da fare per favorire la scalata di Cefis e dell'Eni alla Montedison; altro disastro.

Ha promosso l'accordo Pirelli-Dunlop, ed è stato un fallimento. Ha riunito in un solo complesso la Compagnia Generale alimentare, De Rica, Bellentani, Cora e Bertolli, e han dovuto liquidarlo. Ha introdotto Gheddafi nella Fiat, e il dittatore libico si è preso il 13 per cento. Quella volta, per la verità, andò bene. È eccezionale anche negli errori. E nella riservatezza. Da queste parti perfino le oche danno l'allarme.

Culo

Sembra in leggera ripresa: infatti, specialmente in Emilia, si organizzano serate per eleggere «Miss Culetto».

L'attrice Ornella Muti, protagonista del film *L'amante bilingue*, confessa: «Mi piacevano le mie labbra, gli occhi, le mani. Ma non avevo mai pensato che il mio sedere potesse essere tanto attraente».

Nei più aggiornati manuali della seduzione, la parola d'ordine è: esibire anche l'orlo dei glutei, che per tanto tempo vennero trascurati a favore delle gambe e del seno.

Pare, secondo gli storici, che la decadenza del culo (si parla sempre, come è ovvio, di quello femminile) sia cominciata con la Rivoluzione francese, che esaltava gli sviluppi lineari e umiliava le curve.

Ma è provato che i grandi uomini lo hanno sempre considerato con molto rispetto e si narra che una delle mogli di Maometto, Aisha, lo aveva enorme, e la saggezza indiana consigliava allo scapolo che cercava moglie: «Bada che essa abbia l'andatura graziosa di un giovane elefante».

In certi posti del Sahara, infatti, si procede, ancora oggi, alla vigilia delle nozze, all'ingrasso, con dosi massime di latte e di burro, e nel Sudan variano la dieta: molta polenta e molta carne.

Il grande pittore Rubens esalta la rotondità e i sintomi della cellulite, per arrivare alle foto di *Playboy* e ai modelli classici: Jean Harlow, Marilyn, Sofia Loren.

Non va trascurata la testimonianza dei poeti: dal veneziano Giorgio Baffo (1694-1768): «Oh caro culo/Oh macchina stupenda», a Gabriele d'Annunzio: «Forma che così dolce t'arrotondi/dove si inserta l'arco delle reni». La scienza, poi, cerca di definire i caratteri analizzando «la parte inferiore della schiena»: quello «normale», rotondo ma non appariscente, significa temperamento estroverso e sicurezza di sé; il fondo schiena prorompente, vanità; i glutei «a pera» sottintendono personalità; quelli nervosi, impazienza, sbalzi di umore.

«Che culo!» è espressione che può anche essere intesa come «Che fortuna!».

A Bologna, per esortare alla rassegnazione nella cattiva sorte, si dice: «Quando uno deve prenderlo nel culo, il vento gli tira su la camicia».

Diavolo

Esistono gli angeli ed esiste anche il Demonio. Non si sa se è quello rappresentato dalle allucinazioni di Hieronymus Bosch; se ha il piede di capra, il forcone, le corna, la coda del drago come nelle illustrazioni popolari e se sparge attorno a sé un odore nauseante di zolfo. La sua presenza l'ha confermata anche il papa.

Sembra che Bologna, secondo la rivista dei Padri Dehoniani, sia la sua residenza privilegiata: è qui che ha sede la compagnia dei «Bambini di Satana Luciferiani», che conta almeno duecento adepti. Ha detto il cardinale Biffi: «È lui il responsabile di tutti i mali».

E Satana, secondo Giovanni Paolo II, suggerisce alla mafia le turpi imprese, e andrebbe identificato proprio in Belzebù – che significa: colui che si è perduto per poco – il signore della Cupola.

A Sarsina, in Romagna, si venera san Vinicio, uno specialista nella lotta agli indemoniati. Raccontano di ragazze che, toccate con la prodigiosa reliquia, un collare di ferro, vomitavano rose.

Fu uno dei miei primi servizi giornalistici: vidi una giovane donna che lanciava, come il professor Unrat dell'*Angelo azzurro*, terrificanti «chicchiricchì» e non voleva saperne di inginocchiarsi davanti all'esorcista. Non so se era vittima del Maligno o di una forma di isteria.

Le «manifestazioni» sono di vario e imprevedibile genere: bestemmie, occhi che roteano, contorsioni, svenimenti. Bisognerebbe distinguere tra malattia mentale e crisi dello spirito. Si parla di messe nere, di orge, perfino di sacrifici umani. Ci sono delitti che fanno supporre macabri riti.

Donne nude che fanno da altare e vengono possedute dai «fedeli», paramenti viola, turiboli, crocefissi capovolti: e gli ammiratori del Diavolo scelgono, per le loro cerimonie, chiesette abbandonate, cimiteri e il buio della notte. «Una sacrilega parodia della liturgia cattolica.»

Lucifero, oltre che in Emilia, ha le sue chiese a Torino, Genova, Roma, Bergamo, Locri e Trieste: esiste anche, a uso dei credenti, *Il vangelo infernale*.

«È Dio che ha creato il mondo,» ha detto uno scrittore francese «ma è il Diavolo che lo fa vivere.»

Dio

«Deus vult – Dio lo vuole» urlavano gli allegri crociati quando andavano a far fuori gli infedeli; «Gott mit uns – Dio con noi» stava scritto sul cinturone dei ragazzoni di Hitler, mentre invadevano l'Europa; «Dieu et mon droit – Dio e il mio diritto» è il motto della corona inglese, e lo hanno imparato anche in India, in Africa e da altre parti; «Bon Dieu de la France – Buon Dio della Francia» è un'espressione tipica dei parigini.

Noi italiani di Dio ci ricordiamo nei momenti difficili e nei melodrammi. «Dio, mi potevi scegliere tutti i mali» (*Otello*), «Dio di Giuda» (*Nabucco*), «Gran Dio, morir sì giovane» (*Traviata*), «Tu che a Dio spiegasti l'ali» (*Lucia di Lammermoor*).

La più felice descrizione di Nostro Signore l'ho ascoltata chiacchierando con un bambino: «Dio» mi disse «viene col vento».

Donna

Si comincia a trattare l'argomento sui banchi di scuola: «Le donne, i cavalier, l'arme, gli amori, / le cortesie, le audaci imprese io canto...»; «Tanto gentile e tanto onesta pare la donna mia...»; «Meglio era sposar te, bionda Maria...», e poi si continua. Sarà il tema di tutta la vita. «L'italiano di una donna non può proprio fare a meno: prima la mamma, poi la moglie, l'amica, fino all'ultimo, quando la buona suorina gli chiude gli occhi» dice Lina Wertmüller.

In Italia il 90 per cento delle coppie resiste fino alla morte: il doppio di quanto si verifica in Germania o in Inghilterra.

La donna meridionale si sente più realizzata, quella del Nord ha due anime, secondo i sondaggi: forte e volitiva, tesa a conquiste concrete, e critica nei confronti delle regole attuali. Come vuole il compagno ideale? Deve essere «stimolante».

Schema della sua giornata: 7 ore e 44 minuti di sonno, 5 ore e 21 minuti per marito e figli, 2 ore e 22 per mangiare e per se stessa, un'ora e 47 per leggere, guardare la tv, fare sport, 36' per cercare un parcheggio o aspettare un tram: il resto è lavoro!

Ci sono più donne nel nostro Parlamento che in quello di Usa, Francia, Germania o Giappone.

Ecco una visione di Fellini: «La donna è anche uno specchio perché rappresenta la parte più oscura di te, perché è anche quello che abbiamo fatto di lei. Ne ho un rispetto profondo, la considero migliore, più innocente, più naturale, più vera: più vicina anche al senso religioso della vita, e credo non abbia mai colpa».

Eduardo
(De Filippo, 1900-1984)

Quando è morto, gli hanno fatto un monumento di parole. Forse troppe, per uno che si faceva notare soprattutto per i lunghi silenzi e inventava strampalate figure chiuse in un tenace mutismo, che per esprimersi senza troppi discorsi ricorrevano ai botti.

Eduardo aveva il pudore dei sentimenti e odiava gli sproloqui, i punti esclamativi, gli effettacci e i lustrini: le sue ultime recite sembravano sacre rappresentazioni.

Ritrovo nei miei taccuini certi momenti dei nostri incontri; gli era più facile concedere un invito a pranzo che un'intervista. Ma le cose che diceva erano illuminanti.

La prima impressione di una platea: «Ero piccolo, sbigottito: uno splendore abbagliante. Mi trovai là da un momento all'altro: lo spettacolo è luce, è sorpresa. Non finirà mai. Fin quando ci sarà un filo d'erba sulla terra, ce ne sarà uno finto sul palcoscenico. Teatro significa vivere sul serio quello che gli altri nella vita recitano male».

Spiegava il segreto della sua arte: «Io osservo, osservo continuamente. Il teatro porta alla vita e la vita al teatro. L'umanità, attraverso i fatti che evolvono continuamente, ci fornisce modelli che ci meravigliano sempre: nuovi, pazzi, imprevedibili, che ci danno poi i personaggi. E le mie commedie sono tragedie anche quando fanno ridere».

La sua idea dell'attore: «L'uomo, qualche volta, è come le scimmie, che hanno il gusto dell'imitazione. Le hanno viste che si mettevano addosso rafia e fiori e ballavano. Ma se è vanitoso, è solo uno che ha la faccia tosta di salire in alto, su delle assi inchiodate, per farsi vedere. L'artista è un'altra cosa».

I tempi dell'avanspettacolo: «Scrivevamo i nostri copioni in camerino, negli intervalli, e la testa rimbombava dei dialoghi e dei sospiri dei primi film sonori. I napoletani sono esigenti: ogni settimana bisognava cambiare repertorio. E sono terribili: ti capiscono prima che parli e devi stare molto attento per poterli imbrogliare. Anche *Natale in casa Cupiello* era un atto unico, bellissimo. Avevamo in cartellone *Sik-Sik l'artefice magico*, e per rappresentarlo erano assolutamente indispensabili un colombo e una gallina. Una notte, spinti dall'appetito, ci rivolgemmo a un trattore perché ci cucinasse i due cari compagni di lavoro. Li mangiammo, ma con molta pena».

Il successo: «Nel 1942, con i miei fratelli decidemmo di passare proprio al teatro, con una compagnia nostra e con copioni scritti da noi. Debuttammo a Milano, all'Odeon. Ma chi ci conosceva? Le poltrone erano per metà vuote, però alla fine il pubblico urlava: "Viva Napoli". Renato Simoni fece un lungo articolo e nei giorni seguenti tutte le file si riempirono. Cominciò la conquista del Nord».

Il più bel ricordo: «È nella mia città che ho provato la commozione più profonda. Fu alla prima di *Napoli milionaria*. C'era il fronte fermo a Firenze. C'era la fame e tanta gente disperata. Ottenni il San Carlo per una sera. I professori d'orchestra, per assistere allo spettacolo, si erano infilati nel golfo mistico. "Vedrete che ci diffamerà" diceva qualcuno allarmato dal titolo.

«Io facevo Gennaro Esposito, un povero e bravo uomo, che viene portato via dai tedeschi e quando ritorna trova un figlio ladro, la moglie che fa il mercato nero, si è arricchita, lo ha tradito, e la figlia ha fatto l'amore con un soldato americano.

«Sono dei cinici, ma Gennaro Esposito, con tolleranza, con comprensione, fa capire ai familiari che non è finito niente, che la vita continua. Recitavo e sentivo intorno a me un silenzio terribile. Quando dissi l'ultima battuta: "Deve passare la notte" e scese il pesante velario, ci fu silenzio ancora, per otto, dieci secondi, poi scoppiò un applauso furioso e anche un pianto irrefrenabile; tutti avevano in mano un fazzoletto, gli orchestrali si erano alzati in piedi, i macchinisti

avevano invaso la scena, il pubblico era salito sul palcoscenico, tutti piangevano e anch'io piangevo, e piangeva Raffaele Viviani che era corso ad abbracciarmi. Io avevo detto il
dolore di tutti».

Il suo mondo: «Napule è un paese curioso/è nu teatro
antico [...] sempre apierto:/ce nasce gente ca senza cuncerto/
scenne p' strade e sape recità».

Enimont

Dietro questa sigla due suicidi: Gabriele Cagliari, manager craxiano, e Raul Gardini, rappresentante della famiglia Ferruzzi. Capitalismo di Stato e capitalismo privato: soffocamento con un sacchetto di plastica, colpo di rivoltella alla tempia; esasperazione da prigionia ritenuta ingiusta, angoscia per detenzione minacciata e imminente.

La Ferruzzi ha 31.000 miliardi di debiti, l'Eni si è dissanguato con le tangenti che ha pagato ai partiti di governo. Dieci miliardi solo per l'affare Enimont, aveva già confessato Cagliari.

Le indagini dei giudici di «Mani pulite» hanno svelato i maneggi finanziari e dato il via alla tragedia. Gabriele Cagliari, prima di togliersi la vita, scrive alcune poesie per confidare la sua disperazione: «Giorni, giorni, giorni, giorni senza nome/Notte senza fine/Trafitta da voli di pianto». Ai funerali c'è chi applaude e chi fischia.

Raul Gardini, quando si è accorto che i giochi erano conclusi, stremato dall'attesa, si è concesso l'ultimo gesto. Diceva con orgoglio: «Ho sempre fatto quello che ho voluto e continuerò a farlo. Mi piace tenere in mano il timone e assumere le mie responsabilità». Il vecchio marinaio è affondato con la sua nave.

Eroismo

Il coraggio dalle nostre parti è quasi sempre un fatto individuale. È Balilla (Giovan Battista Perasso, 1729-1781) che lancia il sasso contro il nemico; il mutilato di una gamba Enrico Toti (1882-1916), che si è ostinato a voler andare nei bersaglieri e butta la stampella; Pietro Micca (1677-1706) che dà fuoco alle polveri.

È vero che si possono trovare argomenti per contrastare questa tesi: la disfida di Barletta, ad esempio: 13 italiani contro 13 francesi. Capitano della squadra, Ettore Fieramosca.

Ma non ha un po' l'aria della partita di calcio? E poi c'era di mezzo l'onore nazionale, ma soprattutto l'amore di Ettore per la già coniugata e bellissima Ginevra. «Cherchez la femme» come dicono le persone colte. Del resto, la guerra di Troia non cominciò per colpa di una certa Elena?

Falcone Giovanni
(1939-1992)

Ero a cena con Giovanni Falcone e con Francesca Morvillo, una sera del 1987, in casa di un amico, Lucio Galluzzo, a Palermo: a mezzanotte andarono a sposarsi.

«Come due ladri» dissero poi, solo quattro testimoni, così vuole la legge. Uscivano da tristi vicende sentimentali e si erano ritrovati, con la voglia di andare avanti insieme, fino in fondo, fino alla strada che dall'aeroporto conduce in città.

«Perché non fate un bambino?» chiesero una volta a Giovanni. «Non si fanno orfani» rispose.

Il dottor Giovanni Falcone sapeva. Anche Dalla Chiesa cadde perché era solo, e senza poteri.

«Perché uccidano» spiegava Falcone «ci vuole una agibilità politica.» Devono sentire che, in qualche modo, sei abbandonato a te stesso. Ti hanno segnato nel libro e non dimenticano.

Mi ha raccontato Tommaso Buscetta che, quando era un giovanottino, appena arruolato dalle cosche, ricevette l'ordine di far fuori un traditore. «Ma lui» dice Buscetta «era furbo, e andava sempre in giro con il suo bambino. Lo teneva per mano, e allora non si sparava ai ragazzi, ai generali e ai magistrati, c'erano delle regole. Abbiamo aspettato dodici anni, poi andò a spasso da solo, e la sentenza venne eseguita.»

Falcone è stato discusso e combattuto: dal Corvo, che cercava di sporcarne la figura, dagli scontri con Meli, un altro giudice, e poi con Cordova, che lo ha battuto nelle aspirazioni, nella carriera.

Buscetta lo aveva anche avvertito: «Se lei non va via da Palermo, non si salva».

Falcone e Buscetta, si può dire, si stimano. Sono tutti e due siciliani: si capiscono e si rispettano. Falcone è coraggioso, acuto e conosce l'argomento: e tratta l'imputato da uomo.

«È onesto» dice Buscetta «e non è un persecutore. A Vincenzo Rimi sequestrarono anche le vacche, non mangiavano più, nessuno le accudiva e le bestie creparono.

«Il dottor Falcone si muoveva nei limiti della legge; non sbatteva dentro tua moglie se non era indiziata.»

Quando abbatterono Lima, Buscetta parlò: «Ora tocca a Falcone. Devono dimostrare che sono loro che comandano, che hanno in mano il bastone e il destino della nostra isola».

Si salva, spiega don Masino, chi fa vita irregolare, niente abitudini, casa, ufficio: «Aveva tanto studiato la mafia,» commenta ora «ma non sapeva con chi aveva a che fare. Ho perso un padre, un fratello».

Rivedo la loro storia, come me l'hanno raccontata i due protagonisti. Il primo magistrato con il quale Buscetta si abbandona è il dottor Giovanni Falcone: si incontrano a Brasilia e il giudice istruttore ha subito l'impressione di trovarsi di fronte a una persona molto seria e dignitosa: «Tutti e due siamo palermitani» dice Falcone. «Bastava un giro di frasi, un'occhiata, il riferimento a un luogo e a una vicenda che ci capivamo. Giocavamo a scacchi».

Lo avverte: «Scriverò tutto quello che mi dice e farò il possibile per farla cadere in contraddizione».

E Buscetta replica: «Intendo premettere che non sono uno spione e quello che dico non è dettato dal fatto che spero di propiziarmi i favori della giustizia; le mie rivelazioni non nascono da un calcolo di interesse.

«Sono stato un mafioso e ho commesso degli errori, per i quali sono pronto a pagare interamente i miei debiti, senza pretendere sconti. Voglio raccontare quanto è a mia conoscenza su quel cancro che è la mafia, affinché le nuove generazioni possano vivere in modo più degno e umano.»

Falcone elenca le scoperte che il discorso di Buscetta consente. Cosa Nostra ha una sua ideologia, anche se censurabile. Sfrutta certi valori del popolo siciliano: l'amicizia, l'onore, il rispetto della famiglia, la lealtà.

L'onorata società strumentalizza virtù e meriti, è un inganno storico. Proclama che organizza i più deboli, invece fa il suo interesse. Ma dopo Buscetta non sarà più come prima. La sua confessione ha messo a posto le tessere del puzzle e lo Stato acquista una maggiore credibilità. Quando affrontano i temi politici, Buscetta dice a Falcone: «Stabiliamo chi deve morire prima: io o lei?».

Ora si sa come è andata. Una bomba, sulla strada per Palermo, località Capaci.

Fame

Un giorno di Pasqua, a Ferrara. In una strada del centro c'è un uomo rattrappito, vestito di stracci, che ha appeso al collo un piccolo pezzo di cartone, con una scritta tracciata con il pennarello: «Ho fame, aiutatemi».

Nessuno si accorge che sta morendo. Potrebbe rivolgersi a qualche ufficio di assistenza o a un ospedale: ma rifiuta ogni contatto con questa «società».

Fanno l'autopsia: meno di cinquant'anni, forse ucciso dall'inedia. Il buon samaritano non scende più da cavallo. Siamo 5 miliardi, presto 6, quasi 800 milioni non hanno da mangiare: e cresce meno erba sulla terra e ci sono meno pesci nel mare. Solo l'indifferenza dilaga.

Fantasmi

Un irlandese, mister Stuart, li ha contati: gli spettri che si aggirano per l'Italia, secondo le testimonianze che ha amorosamente raccolto, sarebbero 500. La zona più frequentata è il Piemonte.

A Napoli, città sovrappopolata, decine di appartamenti restano sfitti per colpa dei fantasmi. C'è chi teme gli spiriti avvolti in teli bianchi e che si presentano tra uno sferragliare di catene. E c'è chi ha visto aggirarsi nei sotterranei della Scala le ombre gloriose e inquiete di due grandi Marie: la Callas e la Malibran.

La storia delle anime burlone, degli extraterrestri, è vecchia: da sempre c'è chi tenta di stabilire un contatto con l'aldilà: «Se ci sei, batti un colpo».

Per chi ama il «turismo emozionale» (così lo definisce uno psicologo), dò alcune indicazioni utili: in Val d'Aosta, c'è Bianca Maria di Challant, avvelenata da un amante, che si fa vedere, saltuariamente, si intende, nei pressi del castello di Verrès.

A Grazzano Visconti imperversa Aloisa, morta di gelosia per il marito, mentre a Sarzana è di casa una giovane, bionda e nobile creatura.

Le magiche visioni prediligono i manieri: attorno al castello di Brolio galoppa, su un candido destriero, Bettino Ricasoli; a Castel del Piano, in Umbria, un giovane misterioso attraversa le stanze, si aggira in giardino e scompare; il castello di Barracu, a capo Rizzuto, è frequentato da torme di ombre di nazionalità araba e turca. A Ottana, in Sardegna, cerca rifugio l'anima tormentata di Giorgia, una contadina ricca che negò il pane a un povero. A Caccamo, in Sicilia, c'è addirittura una «entità» che urla: Matteo Bonello, e si capisce perché: i nemici, prima di ucciderlo, gli tagliarono i tendini.

Fascismo

«In un'epoca eroica sarebbe stato magari considerato un fascista, ma ora era semplicemente un cretino.»

John Kenneth Galbraith, *Il trionfo*

«Il Re aggiunge: "Ho detto poi a Mussolini che ho saputo cose piuttosto spiacevoli e comprometenti riguardo a suo genero. È stato fatto l'inventario delle sostanze lasciate dal vecchio Ciano ed è risultato che il suo patrimonio ammonta a 900 milioni di lire. Anche il duce ha strabuzzato gli occhi ed è rimasto senza fiato".»

Paolo Puntoni, *Parla Vittorio Emanuele III*

Felicità

Ne ho lette e ne ho sentite tante: in *Otto e mezzo*, il saggio prelato inventato da Fellini dice al giovane regista che va in cerca di se stesso: «Figliolo, chi ti ha detto che hai diritto di essere felice?».

La definizione che mi piace di più è di Paul Léautaud: «Felicità è camminare dietro un vecchio cane mangiando ciliege».

Fellini Federico
(1920)

Quinto Oscar per Federico Fellini. Alla carriera. Negli Stati Uniti si ricordano di lui; in Italia non hanno trovato il tempo per farlo senatore. Smentito ancora una volta lo slogan del Sessantotto: da noi la fantasia non va al potere, non arriva neppure a Palazzo Giustiniani.

In tutto il mondo si dice: «Ha una faccia, è un tipo felliniano». Ha segnato il nostro tempo, lo ha raccontato. Può continuare a farlo, perché è anche un grande giornalista: è sempre dentro la cronaca e sa giudicarla. Ma è anche, come tutti quelli della nostra generazione, in qualche modo prigioniero del passato. Il cinematografo per noi era tutto; adesso è un optional.

Ci conosciamo dal '45 e posso dire che siamo invecchiati insieme, che quello che lui ha fatto mi ha sempre consolato. Ho conosciuto tanta gente, ma mi fa piacere avere un amico così. Non l'ho mai intervistato, abbiamo sempre parlato, a un tavolo di trattoria, o in casa sua. Una conversazione che dura da quasi mezzo secolo.

«Una certa vocazione, che parolaccia, allo spettacolo» dice Federico «l'ho avuta sempre. Da piccolo fabbricavo maschere, facevo i vestiti, truccavo facce. Poi ho detto tutto con i film. Ho la sensazione esatta di come l'avventura è cominciata: ritrovo lo stupore, la meraviglia di allora. Rivedo la prima volta che sono entrato in teatro, dalla parte del palcoscenico.

«Abitavamo in una villetta, dietro il Politeama riminese, c'era un giardinetto, anzi un brutto orto, con un fico, ci avevamo attaccata l'altalena. Io correvo con la bambina del piano di sopra, una fidanzatina.

«Nel muro del Politeama c'era un finestrone con una saracinesca sempre abbassata. Una mattina ci accorgemmo che era aperto. Ci arrampicammo: un enorme antro buio, scuro. C'era uno che portava l'impermeabile e teneva il cappello in testa. Diceva ad alta voce: "Non c'è sangue sul davanzale".

«Una vecchia seduta, che cuciva, non era d'accordo: "No, ispettore, c'era".

«Quello dell'impermeabile ci ha visti, si è avvicinato e ha chiesto: "Cos'è, un fico? Sono buoni? Dammene un po'". Ho domandato: "Che cosa fate?". Non ha risposto.

«Siamo entrati. Stavano provando un Grand Guignol. Ho visto la ribalta, la platea, i teloni bianchi sulle poltrone. Sudavo, sudavo.

«Dopo è arrivato il circo. Avevano piantato il tendone davanti alla Rocca Malatestiana. Si vedevano le gabbie con gli orsi. Oscuramente sentivo che era accaduto qualcosa. Sentivo che non sarei stato né avvocato né medico.

«Dopo il liceo presi Legge, come tutti quelli che non hanno idee chiare. Se avevo una tendenza era per il giornalismo, forse mi influenzavano i gialli americani con Fred MacMurray, arrivava sempre prima della polizia, in redazione c'erano impiegate bionde con le cosce lunghe. Forse avrei potuto scrivere copioni, chissà, diventare attore.

«Ho lavorato a moltissime sceneggiature, andavo sul set a correggere i dialoghi. Mi infastidiva quel fracasso da mercato, perché sono anche molto timido, mi sento sempre giudicato. Vidi una volta Alessandro Blasetti con il fischietto, gli stivali, il berretto con la visiera di celluloide. Gridava. Venne sollevato da una gru, in alto, sopra tutti. Adesso faccio le stesse cose. Urlo. Prendo decisioni. Non pensavo ci si potesse rivolgere a un pezzo di bernarda dicendole freddamente: stronza.

«Il produttore Rovere aveva cominciato le riprese di una pellicola intitolata *Persiane chiuse*. Ci fu improvvisamente la defezione del regista. Bisognava girare le inquadrature di una di quelle signorine annegata nel Po. C'era poco tempo. Rovere mi disse: "Fa' tu". Diressi la scena un po' istericamente, per paura di non riuscirci: ma mi pareva di averlo sempre fatto.

«Mi sembra di non avere mai deciso niente come atto di volontà. Ho sempre incontrato in ogni circostanza il compagno giusto. Ma se ti esprimi con sincerità, senza prudenze, senza calcolo, gli altri ti riconoscono.

«Ho avuto fortuna, ma a costo di apparire insincero ti dirò che i riconoscimenti ufficiali mi imbarazzano, se vado a prendere la statuetta mi sento un po' come in trance, ho un vago sentimento del ridicolo che investe tutti i cerimoniali.

«Le vere soddisfazioni sono sempre quelle meno attese: la lettera di uno che ha pensato la prima volta qualcosa, la testimonianza di una inaspettata attenzione. Altrimenti un film è una prova di narcisismo, un contratto, una necessità.

«Ora, non è che mi manchi il lavoro, sono io che ogni tanto rifiuto le occasioni e mi chiedo: ma a chi mi rivolgo, a chi parlo? Chi va al cinema, oggi, e che cosa cerca? A chi interessano le mie storie?

«Mi accusano perché continuo a narrare di me: è vero, ma è un tema che mi incuriosisce e ancora mi appassiona. Non sono cambiato. Certo, gli anni ti danno un altro spessore, si tende a selezionare, si acquista una certa durezza. Ma in fondo non sono mutato: il successo è necessario per continuare, per mantenere la fiducia in te stesso. Ma non sono diverso. Non mi pare di avere assistito a grandi mutamenti: non c'è poi una grande differenza tra il vitellone e il playboy. Hanno modificato il taglio dei capelli, il profumo. Non ho certezze. Ho vissuto come a una prova generale, in attesa del debutto.»

Ricordo una sera, a Roma, era carnevale e in via Veneto strombazzavano mascherine costrette all'allegria, e noi due passeggiavamo del tutto estranei a quella forzata letizia. Io gli dissi: «Ma chissà che cos'è per questi la felicità. Forse le donne?».

Disse Federico: «Guido, il regista di *Otto e mezzo*, facendo un brindisi, circondato dal suo harem, da tutte quelle che ha conosciuto, da tutte quelle che ha vagheggiato, dice: "La felicità sarebbe poter dire la verità senza far piangere nessuno"».

Federico molto spesso ci riesce.

Ferrari Enzo
(1898-1988)

Era un uomo stanco, chiuso, riservato e scontroso. Si sentiva quasi colpevole di essere sopravvissuto, e indagava su se stesso e sul prossimo. Inseguiva come un bisogno di innocenza e cercava chiarezza; se pregava Dio, di cui avvertiva una confusa presenza, era per chiedergli di farlo diventare più buono.

L'esperienza lo aveva reso diffidente: vinceva lo scetticismo con la generosità. La madre gli aveva insegnato che non bisogna fare niente se non si è capaci di sopportare l'ingratitudine, e una sua massima era: «Non regalare, ma concedere sempre qualcosa».

«Sono sempre solo» confidava, ma non gradiva neppure troppe presenze attorno a sé. Nelle prose caramellose o esaltate che gli hanno dedicato c'è poco rispetto per una virtù che lui apprezzava più di ogni altra: la lealtà.

Era duro, difficile, imprevedibile: un dittatore, ma, spiegò Stirling Moss, «è necessario». Dalla storia aveva ricavato un modello: Napoleone. Del grande còrso gli piaceva tutto: genio, vita, amori. E anche il senso della fine, alla quale si era preparato: nel silenzio, come Pirandello, senza cortei, corone, bandiere. Le cerimonie e i riti, per la sua natura portata all'analisi e all'essenziale, erano circostanze sgradevoli, da evitare. Ma la morte, diceva, è una cambiale improrogabile.

Le critiche, gli attacchi lo ferivano e sapeva tutto dei suoi censori, perché era curioso, preciso, anche pettegolo, e annotava ogni incontro nelle sue agende.

Ma si rassegnava all'idea che la notorietà comporta un conto da pagare e che in Italia, diceva, il successo è la cosa che si perdona meno volentieri.

Aveva scritto un libro, *Flobert*, non per polemizzare con i giornalisti, perché la considerava una battaglia impossibile, ma perché si divertiva a dire la sua, a esercitarsi in un mestiere che gli sarebbe piaciuto: il cronista.

Era, qualche volta, di una sincerità quasi brutale; con l'attenuante di praticare l'esercizio anche con se stesso. Non credo che i rapporti con la moglie siano stati felici: tra l'altro, la distrofia si eredita dalla madre. «È una donna» diceva «che mi ha insegnato la voluttà del giuramento falso»: l'unico rimedio alla gelosia. Ma erano stati insieme, fino alla fine, penso nel ricordo di Dino, quel figlio infelice che aveva segnato la sua esistenza per sempre, facendogli balenare perfino l'idea del suicidio.

Quel dolore aveva chiuso un capitolo: il solo conforto era la visita quotidiana al cimitero, un culto che era diventato quasi ossessivo, maniacale. Non era facile dirgli di no, ma era la sola maniera per farsi apprezzare. Esigente, prepotente, assolutista, la cosa che l'offendeva di più era non essere creduto.

Lo hanno presentato in tanti modi: uno dei più ricorrenti è il contadino emiliano furbo, saggio, che cerca sempre il suo utile. «Non sa dire grazie» diceva un suo corridore. Ma non lo ha mai preteso neppure quando chi dava era lui. «Drake» lo avevano battezzato, un pirata, un avventuriero che sfida, con coraggio, la sorte, il mistero. «Io» diceva invece «ho paura di tutto quello che ci circonda.»

Ha amato sopra ogni cosa le sue automobili, alle quali ha sacrificato tutto, anche una parte di sé, quella più segreta e generosa. Diceva: «Molte volte, il secondo è più bravo, ma al traguardo conta chi passa per primo».

Firenze

Piazza della Signoria è considerata una «bellezza d'Italia», per la maestà del Palazzo Vecchio, che fu sede dei Priori delle Arti, la monumentale fontana del Nettuno, alla quale il popolo, per il candore del marmo, ha affibbiato il nomignolo di «Biancone», la scenografica Loggia dei Lanzi, dove montavano la guardia i lanzichenecchi di Cosimo I, i bronzi di Giuditta e Oloferne, glorie di Donatello, poi il Ratto delle Sabine, scolpito dal Giambologna, e la copia del David di Michelangelo, e infine il Perseo, il capolavoro di Benvenuto Cellini; è come visitare una raccolta di straordinarie opere d'arte. I cittadini passano accanto a queste meraviglie e pare quasi che non se ne accorgano: sono abituati alle cose belle. Gli stranieri restano incantati.

Spiega un toscano, Indro Montanelli: «Del fiorentino va salvato almeno un carattere, è quello dell'amore che ha per il municipio... Ma io amavo la Firenze d'Oltrarno, quella di Rosai, la città medievale con le stradine contorte e le botteghe degli artigiani aperte sulla via. Lì c'era una Firenze a misura d'uomo, con degli spazi giusti perché gli uomini ci potessero vivere. Quella era la città che mi piaceva e che non torno a cercar di ritrovare, perché ormai non c'è più».

È un discorso che nasce dal rimpianto, ma le cose sono cambiate ovunque e certe atmosfere sono sempre più difficili da scoprire, specie in un ambiente che è molto condizionato dalla storia: si cammina, si vive come tra le pagine di un immutabile manuale di architettura. Sui tetti dei palazzi si sono aggiunte le antenne della televisione.

Ma qualcosa resiste al tempo e alle mode: dice il regista Mauro Bolognini, che è di queste parti: «C'è uno spirito particolare della famiglia toscana che non ha eguali in altre regioni. Passando davanti alle finestre aperte di una casa, a Pistoia, ho rivisto una cosa incredibile: la colazione del giorno di Natale, con la cioccolata in tazza servita sulla tovaglia bianca, i bambini, la nonna, il nonno, tutti seduti con piccoli pani fatti in casa, sul tavolo. Sono tradizioni che rimangono custodite con molta gelosia».

Una dichiarazione d'amore per la città dei Medici è questa di un famoso attore comico, Roberto Benigni, anche se espressa con un linguaggio paradossale: «Quando cammino per Firenze, il duomo non lo guardo neanche, ma me lo sento tutto addosso, e mi pesa ogni mattone... Io sono ogni mattone. In un certo senso è come se il duomo lo avessi fatto io. Un mattone, d'altra parte, non guarda gli altri mattoni: così non ho bisogno di guardarlo il duomo, per sentirlo. È come con Masaccio: io sono Masaccio. E se mi chiedi come è fatta piazza della Signoria, non te lo so dire, non me lo ricordo mica. Tra me e Firenze c'è un rapporto sfuggente, la attraverso di corsa, come un ladro, per paura di essere preso. Per me, poi, le cose più belle della Toscana sono i fagioli all'uccelletto e Pinocchio...».

Benigni ripete, con altri modi, quello che mi disse una volta il direttore della *Pravda*, il più famoso quotidiano russo: «Anche un contadino toscano nasce con il senso del bello, lo ha dentro, lo ha davanti agli occhi, nel paesaggio che lo circonda, che sembra dipinto dai primitivi, anche se lui non lo sa».

G & G

La loro sigla resiste sempre: «Garinei e Giovannini presentano». È una garanzia: di gusto, di intelligenza, di un senso del teatro che non ha mai conosciuto sconfitte. Ne sono felice. Ho scritto sul settimanale satirico che dirigevano; si chiamava *Cantachiaro*.

La guerra era finita da poco. Quando le loro compagnie arrivavano a Bologna, ci trovavamo all'albergo che è vicino al Medica. Adesso ci vediamo con Pietro. È un mio punto di riferimento: come Fellini.

Sto pensando a quanta gente in gamba è uscita dalle redazioni per fare grandi cose nel cinema o sul palcoscenico. E penso a quante scoperte hanno fatto G & G, quante invenzioni. Sordi con l'Osiris, Andreina Pagnani che lascia Pirandello per rappresentare le buffe e assurde vicende della *Padrona di Raggio di Luna*, la gentilezza e il talento di Delia Scala, Marcello Mastroianni che rivive le imprese amorose di Rodolfo Valentino. E Renato Rascel, con quei personaggi che respirano un po' l'aria di Chaplin e quella di Čechov, gli omini sconfitti che vogliono fare i corazzieri, poi Macario, che con un lazzo, o una smorfia, anima la ribalta.

Pietro Garinei è farmacista, Sandro Giovannini era dottore in legge: tutti e due con uno straordinario intuito del copione e della regia, bravi senza orgoglio, devoti fino all'ossessione al loro mestiere, che è stato, ed è, una maniera di vivere.

E non hanno mai rinnegato i maestri come Mario Mattoli, che conosceva tutti i trucchi per commuovere o per far ridere, e gli impresari come Paone e Trinca che gli avevano accordato fiducia.

Anche adesso che è rimasto solo, Pietro Garinei continua a rischiare. Ogni volta che si alza il sipario rimette tutto in discussione. Mi disse Diego Fabbri, appena reduce da una prova infelice: «In Francia ricordano il tuo ultimo successo: in Italia, quella volta che ti è andata male». Ha tanti altri progetti, ma alla fine va in prova quello che ha più forza per imporsi. Mai sbagliato un colpo, per quello che ne so. E Garinei è anche la persona più ritrosa che io conosca: non ha la foga e le stravaganze del teatrante, ma la freddezza e il rigore del chirurgo. È un perfezionista che non si lascia mai andare all'esibizione. Riesce a imporsi con il genere più difficile: quello considerato «leggero».

«Tutti sono capaci di far piangere» dice Lord Grade, il grande produttore inglese. «Pochissimi riescono a divertire.» È un esercizio che questo mite, colto e severo gentiluomo pratica da oltre quarant'anni. Siamo in tanti a dirgli grazie, e io non solo perché gli voglio bene.

Gassman Vittorio
(1922)

È il solo nostro attore che può recitare anche in inglese; forse Shakespeare no, perché altrimenti, dice, li avrebbe fregati tutti. È sempre molto aitante, vigoroso, anche se la faccia è segnata, perché gli anni ci sono e i capelli risultano troppo neri, ma per imprescindibili ragioni sceniche. Io lo trovo, oltre che molto intelligente, anche simpatico, ma a qualcuno riesce insopportabile: lasciamo perdere un paio di critici, con i quali polemizza brutalmente, ma anche gente comune.

Una volta me ne ha dato una spiegazione convincente: «La statura, in un Paese di piccolotti, l'aspetto atletico, perché ho fatto molto sport, il modo di camminare diritto, che sembra tracotanza, poi il fatto che, raggiunta una certa tranquillità nella carriera, mi sono concesso il lusso di dire la verità a tutti i costi».

Non la risparmia a nessuno. Neppure a se stesso. Ha pubblicato un libro di memorie. Il titolo, *Un grande avvenire dietro le spalle*, glielo ha suggerito Carlo Mazzarella, uno dei suoi amici più cari.

Vittorio Gassman. Padre tedesco, ma vizi italiani; marito, quando è il tempo del giovanotto; padre, quando è il momento di diventare nonno; abbondante in tutto, statura: 1,91, e sregolatezza, genialità e cinismo: serate memorabili sul palcoscenico e filmacci di terza categoria giustificati solo da ragioni alimentari.

Il guaio è, confessa, che «sono anche un po' puttana». Passa con disinvoltura da *Canzonissima* a Dostoevskij. Impianta un teatrino da prìncipi e un tendone da proletari. Ha quattro figli da quattro diverse madri: Paola, Vittoria, Alessandro e Jacopo.

È sincero fino alla denigrazione e si abbandona anche all'autolesionismo: «Io sono capace di violenza, non di forza»; «L'invidia è un motore efficace». Si dipinge a volte scettico, a volte cialtrone, individualista, compagno infedele, genitore tiranno.

Se l'interprete talvolta può scivolare nell'istrionico, il narratore ha toni picareschi: le «opposte pazzie» di Vittorio e di Shelley Winters, che minaccia la rivale, la tenera Anna Maria Ferrero, con le forbici; la morte della madre della ragazza e il furioso amplesso che segue i funerali, con le luttuose vesti strappate nella furia amorosa; la passione che si spegne, quando alla stanchezza si aggiunge una innocente briciola, che si posa inopportunamente sopra il labbro della fanciulla.

Sette anni di passione cancellati dalla subentrante noia e da un tè con la torta.

In questa autobiografia, nata da un esaurimento nervoso, perché ogni tanto anche gli eroi sono stanchi, si parla tanto di donne: dalla gentile Marta, incontro dell'adolescenza, all'attuale compagna, Diletta. Ci sono le «accensioni erotiche» del liceale e il casino di via dei Fiori, dove va in esplorazione un «ripetente Biagi» che non sono io; c'è Elvi, «superba topa dalla chioma fulva», che anche nel ricordo conserva il primato delle tette, e Nora Ricci, la prima sposa, «le mani», con la quale trova una vera intesa quando va a farle compagnia, nelle ultime ore, in una clinica; c'è la Winters, aspra e severa, e Juliette Mayniel «gli occhi», e Anna Maria «il sex-appeal», e Annette Stroyberg «la pelle», e Diletta «le gambe».

C'è anche qualche accenno alla «disinvolta Padovani» e, nientemeno, ad Harriman d'Egitto, ma non contano, non hanno alcun rilievo. Per lui «l'applauso è come l'orgasmo».

Ma se qualcuno lo vede solo come un cacciatore del successo, a qualunque costo, o un femminiere da strapazzo, sbaglia: è capace di gesti gentili e di insospettabili generosità. Manifestate con pudore. Ne sono testimone. Non gli premono affatto i soldi o le cose. Non si guarda con condiscendenza: è comparso in cento pellicole, ma ne salva al massimo una decina.

Non sopporta le regate, il collant, la biro che si secca e i mimi. Sembra impossibile, ma è timido. Credo abbia anche delle paure: «Non proprio pavido,» ammette «ma neppure intrepido.» Quando si butta è sfrenato: 90 sigarette al giorno e dodici whisky, e anche, in aggiunta, quantità cospicue di vino. Capace di portare pantaloni scuri per pisciarsi addosso, serenamente, senza scomodarsi.

Non mi pare abbia grossi rimpianti, anche se afferma: «Felicità è la giovinezza. Pian piano ci si indurisce. L'età dà grandi spessori, si è un pochino più pazienti, più comprensivi, più rigorosi e si partecipa di più alla vita, con una punta forte di dolore, e un po' di sgomento. Ma non ci sono scelte che non rifarei. La buona fede c'è sempre stata. Non bisogna tollerare la monotonia, l'accidia. È un peccato grave».

C'è in Vittorio Gassman perfino un fondo di innocenza.

Gelosia

Diceva la canzone: «Amore vuol dir gelosia», ma non è vero. Secondo la Corte di cassazione è invece «espressione di un sentimento egoistico tutt'altro che nobile ed elevato». Non domina più la cronaca rosa e neppure quella nera: in due anni solo 40 «delitti d'onore».

D'altra parte l'adulterio non è più un reato, e sono finite le belle sorprese dei carabinieri nelle alcove. Come accadde a Fausto Coppi e alla Dama Bianca.

La gente, se ha le corna, le tiene o divorzia e l'omicidio passionale non gode più di alcuna attenuante. Dopo il '68, e le chiacchiere e i programmi sulla «coppia aperta», le vacanze separate, la comune, ovvero: sotto a chi tocca, si è scoperto che i più gelosi sono proprio gli studenti, e quelli che se ne infischiano dei problemi di Otello e Desdemona: i disoccupati. Probabilmente non hanno mai letto *I dolori del giovane Werther* e la cassa integrazione attenua anche gli slanci sentimentali.

Genova

«Questa è una città» dice il letterato Edoardo Sanguineti «che vive appartata, che è orgogliosa, che crede di essere l'ombelico del mondo, che ha il culto di se stessa.» È una vanteria che ha parecchie giustificazioni, almeno nel passato; da Genova partono le navi della Compagnia Rubattino, che cercano scali sulle loro rotte, e nasce il nostro infelice colonialismo; sempre dal mare, arrivano le materie prime, con il carbone, che sbarcano 3000 scaricatori, funzionano le prime acciaierie, con il petrolio, l'industria chimica, e con il grano i pastifici.

È l'Ansaldo che costruisce i cannoni della prima guerra mondiale e che adesso si dedica all'atomo e programma i reattori più avanzati. Ed è anche da queste parti che, con largo anticipo, arrivano le mode, importate a prezzi prodigiosi e in maniera indecifrabile dai naviganti: e nei mercatini e nei «carrugi», i vicoletti dove non entra il sole, si commerciano i primi jeans, i transistor e i minicalcolatori giapponesi. Ed è sempre da queste parti che si afferma un nuovo sport, il football, e la nostra più antica squadra di calcio è fondata dagli inglesi, e si chiama Genoa Cricket & Football Club, e ci sono parole che entrano nel gergo: *penalty*, ad esempio, sta per «rigore».

Dei genovesi si dice che, oltre a essere intraprendenti, sono parsimoniosi: infatti, investono in oro più di qualunque altro cittadino della Repubblica, sono gli inventori del contratto di assicurazione sulle navi e sulle merci trasportate, prestano soldi, ma guai se uno non glieli rende o non mantiene i suoi impegni: il termine «bancarotta», sinonimo di fallimento, nasce dal fatto che, quando un banchiere non era solvibile e non pagava, le guardie della severa Repubblica gli mandavano in pezzi la panca: il sedile sul quale stava ad aspettare la clientela.

È gente cauta e riservata: le grandi famiglie si tramandano beni e potere da padre in figlio e sono molto unite. Nonostante questo, c'è chi la paragona a Sodoma, entrata nella storia per i suoi vizi: poche nascite, pochi matrimoni religiosi, scarsa affluenza alle funzioni e, al contrario, spirito godereccio, voglia di prendere il meglio che l'esistenza offre, senza porsi problemi – tutto passa in fretta. Più che l'insegnamento di Gesù seguirebbero quello di Epicuro.

Ma c'è anche chi giura che i genovesi non sono frivoli, ma severi. Lo proverebbe, tra l'altro, la cucina (assai spartana, a base di pesce e di verdure, la torta «pasqualina», quella di carciofi, quella di bietole e i minestroni), assai povera se confrontata con quella bolognese, trionfo di sughi e di carni, o con quella romana, abbondante, saporita e pesantuccia.

Genova è cosmopolita per tradizione: date un'occhiata al suo elenco del telefono: ci sono più cognomi stranieri che da qualunque altra parte.

Guareschi Giovannino
(1908-1968)

È sempre vivo, non solo nel ricordo degli amici, ma anche in libreria. Di solito lo scrittore italiano muore due volte: per l'anagrafe e per il lettore. Che ne è di Giuseppe Marotta, per esempio, un umorista che ebbe un suo pubblico e anche una recensione entusiastica di Emilio Cecchi?

Che ne è di Curzio Malaparte, o di Massimo Bontempelli, o di Corrado Alvaro, di Elio Vittorini e perfino di Vitaliano Brancati, o di Guido Piovene? Penso che sopravviva solo Dino Buzzati, del quale i letterati «puri» dicevano, con perfida ironia, alludendo alle sue fantasie: «Si Kafka sotto».

C'è, curata da Carlotta e da Alberto, i figli, un'autobiografia di Giovanni Guareschi, titolo: *Chi sogna nuovi gerani?* È stata ricavata dagli scritti, migliaia di articoli, di favole, di invenzioni, del direttore di *Candido*. «Sono un giornalista» diceva «che adopera trecento parole. Quello che è accaduto è stato solo un equivoco. Non mi considero importante.»

Aveva avuto un successo irripetibile: del *Don Camillo* soltanto in Francia si erano vendute un milione di copie. *Life* aveva mandato a Roncole fotografi e inviati, a Heidelberg facevano tesi sulla sua narrativa. Non si riteneva un intellettuale, ma «un povero scribacchino», che aveva però da proporre la sua piccola verità. Che si può, ovviamente, accettare o respingere, ma che nasceva certo da buona fede, forse da una visione semplice del mondo, mai da calcoli volgari.

Con il suo vocabolario ristretto si faceva capire da tutti e monsignor Angelo Roncalli nelle pagine di Giovannino trovava la serenità, ed Enrico Fermi il piacere di una divertente lettura.

Non era, in politica, un personaggio ben definibile. Disse

a un intervistatore: «Io sono socialista, monarchico e cristiano, ma il socialismo di oggi non è più quello della mia infanzia».

Era nato il primo giorno di maggio del 1908 e il padre, affacciandosi con il bambino tra le braccia a una finestra, urlò a un gruppetto di contadini che nel cortile giocavano a bocce: «Amici, allegria, ecco un nuovo compagno». Nessuno immaginava quello che sarebbe accaduto poi: allora, un garofano rosso all'occhiello era simbolo di rivolta. Gli chiesi una volta le ragioni della sua devozione alla causa del re, e mi rispose: «Perché sono figlio di una maestra».

Io lo consideravo un anarchico sentimentale: cercava di conciliare l'impossibile, di mettere d'accordo don Camillo e Peppone, un parroco manesco e sanguigno, un sindaco comunista acceso e intollerante, sullo sfondo di una improbabile Emilia: si è guadagnato il ruolo del precursore del compromesso storico, lui che era soprattutto un inventore di fiabe umanissime.

C'era la guerra fredda, c'era la cortina di ferro; e nella grande pianura, segnata dal fiume, tra piazza e campanile, su un piccolo palcoscenico si recitava in chiave bonaria, o di paradosso, qualche battuta del dramma del mondo.

Ma don Camillo intravedeva il futuro: «Compagno,» spiegava a Peppone «non ti rendi conto che noi siamo due fantasmi? Non ti rendi conto che, fra non molto, dopo avere combattuto ognuno per la sua bandiera, verremo cacciati via a calci, io dai miei e tu dai tuoi, e ci ritroveremo miserabili e strapelati a dormire sotto i ponti?».

Sbagliò nell'attaccare Alcide De Gasperi e pagò il suo conto: non ha avuto imitatori. Ma denunciò i soprusi del potere, il clientelismo, le parentele redditizie, aveva compilato una parodia che attaccava: «Su fratelli, su cognati, su venite in fitta schiera».

La sentenza che lo condannava venne festeggiata a Bagutta da alcuni colleghi con brindisi, poi lo perseguitarono con legalissime cartelle delle tasse.

Guareschi poteva cadere nella rissa, ma era incapace di rancori. Aveva un carattere forte: e lo dimostrò negli anni trascorsi in un campo di concentramento tedesco quando le sue storie e i suoi disegni, i dialoghi carichi di umore diedero coraggio a migliaia di prigionieri.

E così anche nel 1948, quando le sue vignette, i suoi manifesti rappresentarono un decisivo contributo nella campagna elettorale: non chiese nulla e nessuno gli disse grazie.

Hanno detto che era «uno di destra»; credo fosse un conservatore, gli piaceva il gusto di Leo Longanesi, la messa in latino, i preti con la tonaca, aveva un organetto di Barberia che durante i pranzi suonava in onore degli ospiti *Tripoli, bel suol d'amore*.

È stato il cronista di un tempo aspro e accettò la sua parte, nel bene e nel male, e quando si trattò di saldare il conto non nascose la mano che aveva sottoscritto un giudizio ingiusto.

Era, in fondo, un ingenuo disarmato. Passò quattordici mesi nel carcere di San Francesco, a Parma. Quando uscì portava con sé tre sacchi di lettere speditegli dai suoi ammiratori e una profonda amarezza.

Non ha mai avuto un riconoscimento ufficiale, ma rappresenta i contrasti, gli errori e le illusioni del dopoguerra. Era stato tradotto anche in russo e in esquimese, ma era rimasto un uomo semplice come le trame che lo avevano reso famoso. Ha lavorato fino all'ultimo, anche se stava male: in una lettera mi parlava dell'ulcera, dell'infarto e del bisogno di solitudine. Sentiva che la giornata si avviava alla fine.

Ai funerali c'era poca gente, e quasi nessuno dei suoi vecchi estimatori. Ricordo in un angolo, appartato, Enzo Ferrari.

Sappiamo qualcosa di più della sua vita. Che rispecchia anche i travagli di una generazione infelice.

Ieri

Anni Ottanta, i più importanti dopo la guerra. Accidenti, quante storie e che ribaltoni! Un papa polacco che incoraggia l'evoluzione della sua patria e un Gorbaciov al Cremlino; quel Ronald Reagan, che i nostri esperti sfottevano, un povero attore di serie B, e che poi si rivela un grande presidente; i russi che abbandonano l'Afghanistan, perché non hanno imparato niente dal Vietnam; Chernobyl, i sequestri di persona, i terroristi, gli attentati, gli ostaggi, l'Aids, la riscoperta della natura, i giorni segnati dalla tv, i satelliti per le telecomunicazioni e il fax, *Dallas* – quella infinita avventura di una famiglia texana che appassiona il mondo –, il Libano, Israele, il Sudafrica, le Filippine con il loro quotidiano tormento, l'alta definizione e le nuove tecnologie, Mitterrand e Kohl (Francia e Germania) che passeggiano a Verdun dandosi la mano, le bellone di turno, le nuove sex-symbol, la Sharon Stone o Madonna?, i campioni del doping e la droga che dilaga e l'intolleranza religiosa e le guerre sante...

E la fine dell'ideologia, giù la bandiera rossa del Cremlino, giù il Muro: e giù anche i nostri partiti tradizionali.

E poi la televisione verità, quella spettacolo, quella spazzatura, e Hollywood, che con i suoi Spielberg torna all'attacco, e il tennis e il basket che diventano sport popolari, e il Pci che addirittura, oltre al programma, cambia nome. Sacharov torna a Mosca dall'esilio e Dubček parla a Praga in piazza San Venceslao.

Tramontate le Soraya e le Farah Diba, ecco Lady D., Caroline di Monaco in Casiraghi, e Sarah Ferguson che diventa la consorte del principe Andrea.

Sono di moda gli Swatch, l'aerobiotica, la *nouvelle cuisine* e la conservazione delle specie animali: in Africa si uccidono 360 elefanti ogni giorno, e non restano che 2500 orango nelle foreste del Borneo.

Quattro donne guidano i loro popoli: Benazir Bhutto nel Pakistan, Vigdis Finbogadottir in Islanda, Cory Aquino a Manila, Margaret Thatcher, dal 1979, al numero 10 di Downing Street, Londra. L'hanno vista piangere una sola volta: quando suo figlio Mark si era perso nel Sahara, durante una Paris-Dakar.

Non ci siamo annoiati.

Indipendenza

Anche ai giornalisti Rai è stato detto che il pluralismo non è la «somma algebrica di diverse parzialità» e il redattore dei telegiornali non deve considerarsi un ciclista che indossa, quando lavora, la maglia del partito a cui affida, quasi sempre, la sua carriera.

C'era chi lo sapeva già; del resto anche Caino fu considerato un fratello non esemplare, per quel suo smodato desiderio di sentirsi figlio unico, assai prima che arrivasse Mosè con il Decalogo. Ma è bello poter fare riferimento a qualche regola, sentire che non si è soli al mondo e orientarsi su alcuni princìpi. Sono problemi che esistono da sempre, e se c'è qualcuno del mio mestiere che ha, come dice James Reston, «il suo dittatore preferito», c'è anche tanta brava gente che si muove senza impacci alla ricerca di qualche possibile verità.

Ho letto un bellissimo articolo-recensione di Anthony Lewis su colui che il presidente Lyndon Johnson presentava agli ospiti della Casa Bianca con questa orgogliosa dichiarazione: «Quest'uomo è il più grande articolista del mondo ed è mio amico».

Si riferiva esplicitamente a Walter Lippmann, che con la sua rubrica «Today and Tomorrow» (oggi e domani) è stato per quasi mezzo secolo la coscienza critica degli Stati Uniti, una guida, non sempre occulta, dei più eminenti politici.

A settantasette anni Walter Lippmann si ritirò dall'impegno attivo e rivolgendosi, presumo, ai colleghi più giovani, li avvertì che il pericolo sta nell'essere «in buoni rapporti con i potenti». Le tentazioni, a suo parere, consistevano in certe insidiose forme di corruzione: nei molti modi in cui ci si poteva arrampicare sulla piramide dell'autorità.

La predica era giusta, l'esempio un po' meno: quel gentiluomo di origine israelitica, freddo, distaccato, che «aveva spesso incrociato il cammino della Storia», è autore di discorsi per Thomas E. Dewey; ha collaborato una volta con i sostenitori di Eisenhower e poi con Adlai Stevenson, che voleva sconfiggere il generale; è stato membro dello staff che pubblicizzava il Piano Marshall; insomma, ha reso qualche servizio, probabilmente senza contropartite, a personaggi che contavano. Perché gli premeva influire sulle scelte degli Usa: e sostenne Ike, il vincitore della guerra, di cui non stimava le qualità intellettuali, e Nixon, di cui non apprezzava la personalità.

Sono le contraddizioni, forse ineluttabili, che si possono avvertire studiando una lunga e impegnata esistenza umana. Gli piaceva, insomma, contare e prese anche qualche cantonata, sbagliò le analisi, peccò per indifferenza.

Nel 1933 definì Roosevelt «una specie di amabile boy-scout»; non approvò Churchill quando, nel 1946, in un famoso discorso, mise in luce i rischi della «cortina di ferro»; ebreo, nei giorni difficili, alla cultura dei suoi disse che preferiva quella degli «altri»; non denunciò, nel 1942, quando se ne ebbe notizia, l'esistenza dei campi di concentramento e, annota Lewis, «avrebbe potuto salvare delle vite».

Anche la sua vicenda privata è stata portata alla ribalta, le ombre e le luci; ebbe una relazione sentimentale con la moglie del suo migliore amico, ruppe un matrimonio che era durato vent'anni. Il breve saggio di Anthony Lewis è intitolato *I misteri del signor Lippmann*; anche nel cuore, oltre che nella mente, del *columnist* che per mezzo secolo fece l'opinione degli Stati Uniti, c'erano spiegabili fragilità.

Ma insegnò tante cose ai suoi compatrioti: soprattutto la tolleranza e il rispetto del dissenso, condannando coloro che «avendo paura delle streghe, bruciavano le donne».

È difficile parlare degli altri agli altri; in un libro di preghiere di una mia bisnonna, c'era una definizione del prete, di uno votato a Dio, che potrebbe perfino essere valida per chi si occupa della cronaca: «Una lampada che, per far luce, talvolta brucia se stessa».

Inferno

Su cento italiani, 62 credono che esiste l'aldilà: lo afferma un sondaggio della Doxa. E, se è così, se c'è una vita dopo la morte, è assai probabile che funzioni anche l'inferno. *Civiltà cattolica* non ha dubbi: «È la sorte di chi muore in peccato mortale: una sofferenza atroce perché non si vedrà mai Dio».

Come sarà? Avete presente il Giudizio universale della Cappella Sistina; la disperazione di quelle grandi figure dipinte da Michelangelo? O ricordate le illustrazioni della *Divina Commedia* del Doré, che suscitavano, con quelle opulente peccatrici, tante scolastiche fantasie? Musica eterna in paradiso, con angeli e cherubini, e pentoloni di pece, fiamme e forconi nel luogo della dannazione? E il purgatorio che cosa può essere: una via di mezzo? \

Anche gli ebrei credono in un «mondo venturo», e i seguaci dell'Islam immaginano luoghi ombrosi, letti altissimi e fanciulle dagli occhi molto belli che non sono mai state con altri uomini.

Per i buddhisti, l'anima non esiste, e il problema è risolto: il Nirvana si trova anche qui; basta non essere schiavi dei desideri. Una parola. C'è chi spera in una amnistia generale: neppure Giuda sarebbe dannato, e un grande teologo Urs von Balthasar ha detto: «L'inferno esiste, ma potrebbe anche essere vuoto».

Informazione

Si parla spesso di «completezza dell'informazione»: in poche parole, bisogna raccontare tutto di tutti. È una tendenza assai diffusa nella stampa britannica; si deve appunto a un illustre collega di oltre Manica, Charles Scott del *Guardian*, la proclamazione, già nel lontano 1926, di un aureo principio: «Il commento è libero, ma i fatti sono sacri». E, pertanto, niente peccati di omissione.

Un piccolo esempio di approfondimento, tratto dai giornali di Londra. Tema: quali sono i gusti, in materia di bere, della famiglia reale. Si impara così che la principessa Anna non consuma che Coca-Cola, mentre Carlo si disseta con del latte, aromatizzato con noce di cocco; Andrea ha invece preferenze, come dire?, più sostenute: Bordeaux, e l'infelice e appassionata Margaret si consola con il tradizionale scotch, mentre il rude Filippo marcia a birra e Sua Maestà la Regina ha un debole per i «bianchi» francesi. Lady D. e la duchessa di York, romantiche, affrontano le fatiche di corte con champagne ben ghiacciato.

«E er popolo?» si chiede Trilussa in una famosa poesia. Risposta: «Se gratta».

Intellettuali

Gli intellettuali, come sempre, si adeguano: anche Piran-dello, Panzini, Bontempelli e Gentile vogliono la tessera fa-scista, Ansaldo e Sem Benelli si convertono, padre Gemelli è in prima fila quando c'è da attaccare gli ebrei: Pio XI con-danna il razzismo e perfino il gelido Vittorio Emanuele III ha un sussulto di compassione.

Guglielmo Marconi va a montare la guardia, in orbace e con il moschetto, alla Mostra della rivoluzione delle camicie nere. Emilio Cecchi e Riccardo Bacchelli sono felici quando vengono ammessi all'Accademia. Peccato così tardi. Tutti tacciono o applaudono. Il duce dice al gerarca Buffarini: «Farò vedere agli italiani che coglioni ho». È una specie di ossessione di chi comanda: anche di Craxi, anche di Bossi. Ma chi ha questa curiosità?

Gli scrittori, i filosofi e i poeti sono cattivi; quelli di sini-stra anche di più. Paul Johnson, un bravissimo giornalista in-glese, che ha diretto anche il *New Statesman*, si è impegnato, con un avvincente e documentatissimo libro, a dimostrarlo: con appassionata faziosità. Titolo: *Gli intellettuali*. Si parte con Jean-Jacques Rousseau per arrivare alla commediografa Lillian Hellman, detta semplicemente «la bugiarda».

È stata l'amante di Dashiell Hammett, grande autore di romanzi gialli – un classico: *Il falcone maltese* – comunista in-flessibile, ubriacone instancabile.

Lillian, che con *Le piccole volpi* e *La calunnia* fu una regi-netta di Broadway, e anche di Hollywood, saltellava agevol-mente nei letti, senza soffermarsi troppo sulle condizioni so-ciali dei maschietti. In certe giocate di poker per soli uomini, il vincitore della serata aveva diritto di spassarsela con la vispa ragazza.

Ha detto Arthur Miller: «Lillian ci provava con tutti. A me non faceva né caldo né freddo e questo non me lo ha mai perdonato». Nelle sue memorie la Hellman ha raccontato storie che la vedevano protagonista, e nelle quali invece non aveva avuto parte, e ha perso una causa con Mary McCarthy che l'accusava di menzogna.

Militava nel Pc americano, non pagava le tasse e le piacevano moltissimo i soldi: però ha lasciato qualche miliardo per delle borse di studio.

Il peggiore di tutti, per Johnson, è Bertolt Brecht: un cattivo soggetto, ipocrita, crudele, che se ne infischiava degli altri, e in particolare dei proletari, e pensava solo a se stesso e al suo teatro.

Fin da studente bruciava la Bibbia, rinnegava la religione e non provava alcun sentimento per i genitori, come più tardi per le donne, che sfruttava, ingravidava, mollava senza battere ciglio. Ma tutte lì, come soggiogate, a servirlo. Walter Benjamin sosteneva che aveva due caratteristiche: «La codardia e una inesauribile carica distruttiva».

Con l'impostura e il sotterfugio imbroglia la commissione che indaga sulle attività antiamericane, ottiene la cittadinanza austriaca, un conto in banca in Svizzera, un teatro dal governo tedesco dell'Est e un editore da quello occidentale. Il suo motto è: «Per sopravvivere bisogna essere egoisti».

Le sue amanti, tante, non lo presentano in una luce favorevole; per l'attrice Marianne Zoff «era sempre sporco, spesso dovevo lavargli il collo e le orecchie»; per Ruth Barlow, che portò via al marito medico e che lo seguì fino all'ultimo facendogli da segretaria, non ci fu mai un ruolo rispettabile: «Sono la puttana di un grande scrittore» diceva.

Con Helene Weigel, la moglie, si chiamavano con il cognome, e la bravissima attrice sopportava tutto. Andai a trovarla al Berliner Ensemble. «Se scrivessi la mia biografia,» disse «la censura la proibirebbe. Ho conosciuto Bert al Deutsche Theater, nel 1922. Stava provando *Tamburi nella notte*; lo trovai buffo. Poi ho vissuto con lui trent'anni. In giro per il mondo. Lavorava per il cassetto. Il successo è arrivato troppo tardi.»

Altro sporcaccione, Sartre: non si lavava mai. John Huston, il regista, schizza questo ritrattino: «Un barilotto d'uomo, brutto come il peccato, la faccia gonfia e butterata, i denti giallastri, gli occhi strabici».

Eppure, quanti successi in campo femminile; un aspro recensore lo presenta come «un professore di filosofia che sembra specializzato nello studio delle mutande delle sue allieve».

Lavora come un pazzo, trenta-quaranta pagine ogni giorno, legge trecento libri all'anno, ma di notte si diverte: gli piacciono il whisky, il jazz, le signore e il cabaret. Tradisce scopertamente Simone de Beauvoir, compagna, cuoca, infermiera, amministratrice. Anche questi due si danno del voi. Quelli della Scuola di Francoforte lo disprezzano e Horkheimer lo definisce «lestofante e impostore della filosofia».

È anche lui un imbroglione; ha scritto: «In Unione Sovietica vige la più ampia libertà di critica» e i cittadini russi non vanno all'estero «perché non lo desiderano». Ha sostenuto che la violenza è necessaria, ma durante l'occupazione tedesca non ha fatto nulla, né speso una parola per gli ebrei; dichiarò anche: «Non siamo mai stati tanto bene come allora». Lui, almeno.

Tocca naturalmente anche a Hemingway una passatina al setaccio: chiamava la madre «quella sgualdrina», e Dos Passos diceva che non aveva mai visto tanto rancore. Una delle mogli, Martha Gellhorn, lo considera «il più grosso contafrottole dopo il barone di Münchhausen». Lui si vantava che in una notte l'aveva «innaffiata quattro volte».

Era un duro maschilista e si permetteva anche di puzzare di birra e di sudore. Marlene Dietrich cantava per lui in bagno, Lauren Bacall lo esaltava: «Sei ancora più grande di quello che pensavo». Tra le conquiste, una italiana, Adriana Ivancich, che Paul Johnson vede «orribile e insieme patetica», «un tipo frigido, snob e insensibile, di quelle che vogliono il matrimonio».

L'ho conosciuta: è morta suicida. Raccontò: «Gli sono passata accanto senza conoscerlo. Il mio non era amore, ma tenerezza, devozione, scoperta del mondo. Mi ha scritto una settantina di lettere. Le ho vendute. Desidero che finiscano in una biblioteca, quello è il posto giusto. Io allora non sapevo cosa c'era nel suo cuore, nel suo destino. Un giorno a Cuba mi chiese di accompagnarlo alla spiaggia: "Devi solo guardare l'oceano assieme a me" mi disse. Forse è stato il momento più intenso della nostra amicizia. Aveva gli occhi pieni di lacrime. Stava vivendo lo sgomento de *Il vecchio e il mare*. Allora sentii la sua grande tristezza».

Povera Adriana Ivancich: davvero insensibile?

Invidia

Quando sento parlare di invidia non penso a Freud, ma a Curzio Malaparte che, mentre sta per andarsene, confida a Guglielmo Peirce: «Mi dispiace morire prima di Montanelli».

Italia

L'Italia è la sola nazione al mondo che include nel proprio territorio due altri stati: la Città del Vaticano e la Repubblica di San Marino. Oltre al potere ufficiale, ce ne sono altri meno evidenti: il Cupolone, che simbolizza la Chiesa cattolica, e la Cupola, che simboleggia la mafia.

Guai però se non ci fossero i preti e le suore che provvedono ai drogati, agli extracomunitari, ai malati di Aids, alle scuole che funzionano e ai ricoverati del Cottolengo.

Il numero degli abitanti è vago: c'è un milione di cittadini che figurano nelle statistiche, ma non esistono nella realtà.

Avevamo il secondo Partito comunista, dopo quello russo: sparito, ma nelle ultime elezioni amministrative si sono presentate 18 liste. Siamo in testa.

L'Italia è considerata «il Bel Paese»: 700 musei (assai complicato poterli visitare), 30.000 chiese, 20.000 castelli. È anche ritenuto «il paese del sole»: ma Venezia è più fredda di Londra e a Cervinia cade più neve di quanta se ne vede nella taiga siberiana.

Una occhiata a come ci hanno visto in passato i grandi viaggiatori stranieri.

Per Montaigne, filosofo e moralista, i romani sono bei tipi la cui principale occupazione consiste «nell'andare a spasso nelle vie». Montesquieu, l'illuminista, sembra quasi la controfigura di Bossi: «A Roma uomini vili sono preposti alle alte cariche».

Torino piace a Chateaubriand che la trova nitida e regolare; però «ha un'aria triste».

James Fenimore Cooper, l'autore dell'*Ultimo dei Mohi-*

cani, scopre che a Bologna «ci sono due brutte torri di mattoni, inutili», mentre gli vanno a genio i vagabondi di Napoli: «Non è facile incontrarne più felici».

Venezia, sempre secondo Montaigne, è gremita di puttane, «utilissime» perché con i proventi del mestiere «fanno guadagnare i mercanti».

A Bologna, per questo schizzinoso osservatore, si parla il peggiore dialetto, mentre i genovesi «non sono affatto socievoli» e questo deriva, ovviamente, «dalla loro estrema avarizia», mentre risulta evidente la «pigrizia dei napoletani». Va bene ai sardi, che sono «intelligenti», ai nobili fiorentini, «affabili»; consoliamoci con Goethe – «Noi tutti siamo viaggiatori e cerchiamo l'Italia» – e Flaubert ha l'impressione di averla trovata in gran forma: «Tutto è allegro e facile». Non sempre, per la verità.

Italiani

L'italiano cresce in statura e vive più a lungo: settantatré, circa, l'uomo; quasi ottanta, le donne. I friulani sono i più alti, i sardi sempre bassotti.

Il nostro compatriota campa anche meglio, viaggia e legge, si diverte, ma paga il benessere con lo stress. Così molte coppie non reggono alla tensione e si separano.

Cambia il costume, si modificano i gusti, spariscono mestieri, sapori, convenzioni, ma la morale resta sempre la stessa: immutabile e anche assai meschina.

Sono nato quando gli uomini portavano il cappello e in ogni casa c'erano il macinino da caffè e la macchina da cucire Singer. Quando la mia famiglia da Pianaccio si trasferì a Bologna, dove mio padre aveva trovato un lavoro, il trasloco dei pochi mobili venne fatto con un biroccio trainato dai muli. Il viaggio durò due giorni.

Sono andato a Washington con il Concorde, durata della traversata, da Parigi, due ore e quaranta. Il tempo di servire il pranzo: usavano posate d'argento, ma hanno dovuto ripiegare su metalli meno nobili quando si sono accorti che tra i ricchi ci sono troppi collezionisti.

Il Censis ci informa di ogni cambiamento: io ho posseduto una radio a galena. La rete del letto faceva da antenna e, a ogni movimento, dalla mia cuffia spariva la voce. C'è oggi chi vive con quattro televisori: bagno, soggiorno, studio, cucina. Che ossessione: e c'è chi vorrebbe un giorno ogni settimana senza immagini. Ma non è già stato inventato il pulsante?

La bistecca era una conquista, non una consuetudine. Adesso la «fettina», come la chiamano a Milano, è una regola: con gli steroidi, probabilmente, che aiutano a soddisfare il bisogno di carne e di praticità e che provocano qualche variazione del sesso. Ma nessuno è perfetto.

No, la tanto rievocata stagione delle mille lire al mese, che anticipava quella dei bollini e delle sirene d'allarme, non fu molto felice: c'erano i treni popolari, che arrivavano in orario, le colonie marine, il caffè dell'Harar, la festa della Madre e del Fanciullo, i film dei «telefoni bianchi»: tutti i divorzi si celebravano a Budapest, capitale dell'Ungheria, degli amori infelici e dei cornuti.

La famiglia era certamente più unita, perché legata dal bisogno, e l'autorità del padre indiscussa. Più reddito ha significato anche più indipendenza. Due guerre hanno reso la donna libera: è entrata nelle fabbriche, negli uffici, si mantiene con il suo lavoro e se resta sola provvede anche ai figli. Beneficia di due invenzioni straordinarie che hanno inciso sulla sua condizione: la lavatrice e la pillola.

Ci sono meno discriminazioni: di *status*, di guadagno, tra maschi e femmine. La televisione ha fatto per la nostra unità più di Garibaldi e di Cavour: ci ha dato un linguaggio e un costume comuni. Il grande sviluppo economico non ha coinciso con altrettanto progresso morale: siamo scontenti della classe dirigente, diffidiamo di quella politica. Mentre il Nord si avvicina sempre di più alla Svizzera e alla Germania, tre regioni del Meridione sono umiliate dal degrado e dal crimine e sembra che appartengano a un altro Paese. È un tempo dominato dall'opportunismo, dal cinismo e dalla paura.

Il peccato più grave per questo popolo di cattolici è sempre quello antico: il sesso, che è tabù, costrizione, sgomento. Ci hanno cresciuti ed educati con l'ossessione dei richiami erotici: questa è la patria del «delitto d'onore», del «matrimonio riparatore», del mammismo, del «vizio solitario» che provocava, dicevano, la cecità (ma la percentuale di orbi mi sembra ragionevole), e del linguaggio ipocrita, che però ha subìto una profonda trasformazione: i due che prima erano «legati da tenera amicizia» adesso «fottono», la «madre in attesa» è una che è rimasta incinta e a farsi friggere, ormai, ci vanno solo i pesci, notoriamente sprovvisti di culo.

Per tanto tempo due erano le trasgressioni da condannare: le gambe delle donne e la tessera del Pci. Con i comunisti, discorso chiuso. Resta sempre il traviamento più praticato, il letto: sono arrivati alla conclusione, suppongo, che l'inferno dev'essere una incredibile stanza senza pavimento e senza arredi.

Una rivista è andata a chiedere a quasi novanta preti che cosa raccontano i cosiddetti «penitenti», che in genere non sono dei ravveduti. La maggioranza va a confidare vicende libertine, scappatelle, rapide evasioni o insistenti corna, fantasie casalinghe o avventure contrastate.

Nessuno, spontaneamente, parla di tasse evase, di ricevute fiscali non rilasciate, di bustarelle date o ricevute, di bilanci truccati: rubare ai grandi magazzini è addirittura considerato un esercizio sportivo. Trattare male i dipendenti, sfruttare la politica per il proprio interesse, mentire all'elettore (qualche volta anche gli onorevoli si inginocchiano e chiedono l'assoluzione) sono sbagli o cadute che non vengono neppure presi in considerazione.

Lungi da me la tentazione di fare la classifica dei comandamenti, dato che il mio pseudonimo non è Dio, ma condivido l'idea di Tolstoj che ambientava i drammi più sconvolgenti sotto le lenzuola, però mi stupisco che nel Paese della mafia e delle associazioni analoghe, degli appalti e delle imposte ingiuste, la gente consideri un'offesa al Signore e agli uomini solo la concupiscenza. Mi sembrano una visione della vita e un concetto dell'onestà molto deformati.

È probabile che ognuno di noi sia tollerante verso debolezze nelle quali si riconosce: ma io capisco più qualche concessione alle tette che alle tangenti. Credo che tutti avvertano la differenza che passa tra un ladro e un libertino: che di solito non ruba, ma scambia e riceve.

Mi pare anche corretto avvertire che ci sono dei confessori che incoraggiano, o sollecitano, le confidenze morbose. Due giornalisti, Norberto Valentini e Clara Di Meglio, andarono in giro per l'Italia a registrare, ovviamente di nascosto, le rivelazioni dei contriti al padre spirituale: e la curiosità delle domande non è sempre limpida e caritatevole.

Sono andato a ripescare qualche piccolo campionario di quei dialoghi.

«Accarezzamenti?»

«Sì, padre.»

«È solo lui che li fa, figlia cara?»

«Be', tutti e due.»

«Ma anche lei tocca dappertutto?»

«Sì, padre.»

«Solo con le mani o anche con la bocca?»

Altro colloquio: «Come arrivi a darti soddisfazione?».

«Accarezzandomi, padre.»

«Poi l'atto coniugale lo fate regolare?...»

«Io lascio decidere a mio marito.»

«Ma lei che preferisce, insomma?»

«Non so... io ci provo gusto in entrambi i casi.»

Anche il sacerdote, suppongo.

Qualche inconveniente: al Sud, su cento cittadini, 6 non sanno né leggere né scrivere, ma non è poi detto che sia sempre un guaio.

Su 10 furti 8 restano impuniti: forse è anche per questo motivo che rimangono tanto male quelli che adesso finiscono a San Vittore. Parlano come se fossero vittime della crudeltà della sorte, perché non riescono a convincersi che le manette dovevano colpire proprio loro. Con tutto quello che c'è in giro.

Un omicida ha 3 probabilità su 4 di scamparla, e allora perché tanto accanimento contro i bustarellari? Perché andare a indagare proprio nelle stanze del potere?

È quasi commovente il racconto di Matteo Carrera, socialista, che spiega, nei verbali, la sua scalata sociale: prima mangiava alla mensa dell'Ospedale Fatebenefratelli di Milano, poi quando lo nominano presidente dell'Eca, Ente comunale di assistenza, ha finalmente la possibilità di andare tutti i giorni al ristorante. Che è un esempio concreto di redenzione di un proletario: e che c'era di male, in fondo, se cominciava con l'assistere se stesso? Non lo dice anche san Paolo: «Vogliatevi bene»?

La tendenza nazionale è sintetizzata in una parola: «arrangiarsi». In un prezioso libretto pubblicato da Elvira Sellerio, *L'Italia rinunzia?*, Corrado Alvaro scrive: «Pochi italiani sono arrivati a capire che il male di uno è il male di tutti, e per uno che soffre la prepotenza e la malvagità, tutto il popolo finisce per soffrirne».

Dalle denunce dei redditi non si direbbe. Pagano solo i lavoratori dipendenti, anche perché non possono farne a meno, ed è su di loro che il fisco si accanisce. Giorgio Benvenuto, a suo tempo, lo ha confessato: non ci sono né i mezzi né la volontà politica, che è quasi sempre assente, per scoprire ed eventualmente riportare alle regole quella stragrande maggioranza che dell'erario, dello Stato, del governo e delle autorità in genere se ne infischia.

I gioiellieri guadagnano all'anno poco più di 18 milioni, gli imprenditori superano appena i 19, i pellicciai 13. Tremeranno dal freddo.

E lasciamo perdere i liberi professionisti, che sono così emancipati, autonomi, padroni di sé che non si capisce proprio chi può pensare in qualche modo di mettere un limite a questa indipendenza. È intuibile l'amarezza delle segretarie, per nulla disimpegnate, che devono versare il loro obolo.

Penso che l'epatite sia in aumento perché ogni volta che si pubblicano queste dichiarazioni dei redditi milioni di capifamiglia sono colti da tremendi attacchi di fegato: ecco una spiegazione della maggiore mortalità dei maschi.

Come sempre, può darsi che nelle medie aritmetiche ci sia qualche piccola esagerazione, oltre alla consueta difficoltà di stabilire chi è un italiano. C'è il tipo dinarico, il padano, l'alpino, quello che usa il burro, quello che preferisce l'olio, c'è tanta retorica su questa penisola che nessuno sa davvero com'è fatta.

Ma la musica è destinata fatalmente a cambiare: forse è finito il tempo dell'apparire, il culto del *look*: sta per arrivare quello delle persone serie. Negli anni Sessanta ci fu il boom dei consumi, nei Settanta predicarono l'austerità, negli Ottanta arrivò il reflusso. Nei Novanta, mi butto, alle Barbados ci andrà solo qualche ricercato, e molti riscopriranno la bellezza di Rimini. Non importa che le scarpe siano il modello inventato per il deserto; basta che reggano all'usura del marciapiede.

I giovani che una volta volevano a tutti i costi andarsene

da casa, sarà un problema, senza il richiamo dei pasti, farli uscire dalla loro stanza.

E tutti quei consiglieri, consulenti e via dicendo, che i partiti avevano piazzato a Iri, Eni, Enel, Efim ed enti affini, forse proveranno l'emozione di un vero lavoro, presupposto indispensabile per un onesto stipendio.

L'orologio con la data, il cinturino d'oro, la valigia con stampate le sigle, l'auto che fa tanto calciatore di serie A non saranno più simboli del successo. La *griffe*, che al mio paese pensano sia una forma di influenza, non sarà presa sul serio neppure dai giornali di moda. Delle due vetture, una resterà in garage o parcheggiata sulla strada.

Anche a Roma si accorgeranno che qualcosa è davvero cambiato. Non si può continuare a rinviare: perché intanto la vita passa, e spesso quello che si rimanda è perduto. E anche non si può mentire a lungo e a tutti: ormai le carte sono scoperte.

Era tanto comoda la minaccia del comunismo: tutti calmi, tutti buoni. È caduto anche il muro del compromesso: e ha rivelato tante miserie degli inquilini dei Palazzi. Che devono convincersi: non sono una massa di fessi quelli che vivono nelle case.

Lacrime

Questa volta il «miracolo» è accaduto in Inghilterra, nello Yorkshire: un volto di Cristo, disegnato su un uovo sodo, ha pianto per due giorni. Gesù, effettivamente, ha buoni motivi per non essere allegro.

Da noi, le lacrime, e lo dico senza intenzioni irriverenti, sono più proprie della Madonna, che una volta muoveva gli occhi, forse in modo allusivo, alla vigilia di prove elettorali, e le cui apparizioni vengono denunciate con una certa frequenza. Per un po' tenni la contabilità del prodigio, e arrivai a venti.

Nessuna meraviglia: Nostro Signore comparve anche a un papa, Pio XII, e l'annuncio fu dato in esclusiva a un rotocalco; il corrispondente di un giornale di Londra, forse poco portato al misticismo, spiegò l'evento con un paio di lenti sbagliate, ma la visione non è mai stata smentita. Ancora peggio un acre gesuita: «Non credo che Nostro Signore frequenti certe compagnie».

Mi sembra che proprio nel periodo pasquale, a Vasto, una cittadina abruzzese posta sul litorale adriatico, una donnetta identificò in un osso di seppia il volto afflitto del Redentore.

Il vescovo benedisse la preziosa reliquia che venne esposta in un tabernacolo e onorata con fiori e lumi dai fedeli: il primo effetto lo si ebbe sulle bancarelle, dove il mollusco marino triplicò il prezzo, perché c'è un diffuso bisogno di mirabili segni e tanta sete di soprannaturale, ma il mercato ha la sua legge.

La Pira Giorgio
(1904-1977)

Ho conosciuto la madre di una santa: era una vecchia contadina e raccontava con monotono accento la storia della sua virtuosa figliola, Maria Goretti.

Sta per cominciare la «causa» che, con il tempo, porterà forse sugli altari un probo professore siciliano, che viveva a Firenze e fu anche sindaco della città e deputato al Parlamento: si può dunque far politica e conservare le mani pulite. Parlo di Giorgio La Pira. L'ho incontrato diverse volte, e le sue parole e il suo sorriso ti segnavano dentro.

Lo chiamavano in tanti modi: «il sanculotto eucaristico», «il bolscevico del Vangelo», e i suoi discorsi, le sue visioni suscitavano le critiche e le ironie degli avversari, che opponevano al suo spirito profetico, e al distacco cristiano, le leggi impietose della realtà: credeva più ai miracoli che ai bilanci; insegnava diritto romano, ma si era laureato con una tesi sulla Madonna.

Andai a trovarlo nella stanzetta dell'istituto religioso di via Gino Capponi a Firenze; anche il letto era invaso dai libri e sopra la spalliera luccicava una icona che gli era stata donata dal patriarca di Mosca. Pareva di ascoltare una parabola: «Caro amico, le rondini, tanto fragili, volano da un continente all'altro. Non vi è un prodigio?».

Dicevano che era esaltato, matto, e ora quelle polemiche e quegli insulti sono lontani e sembrano ancora più ingiusti. Credo che le critiche che riteneva immeritate lo ferissero; anche chi esalta il perdono ha le sue umane suscettibilità. Gli dispiacque, per esempio, che nel telegiornale apparisse una fotografia che gli sembrava alterasse la sua vera immagine.

Per incoraggiare il suo ottimismo si rifaceva ai profeti

che, ammoniva, «non erano degli stupidi». «Le stagioni» spiegava citando un vecchio lunario con le regole della campagna «non le fa l'agricoltore: vengono, e lui le aiuta.»

Fu il primo, nel 1958, quando risiedeva a Palazzo Vecchio, a riconoscere la Repubblica popolare cinese; fece scandalo, ma poi Kissinger volò da Mao. Non lo sgomentava neppure il Muro che divideva Berlino: pensava che anche le due Germanie avrebbero prima o poi dovuto incontrarsi. Si adoperò, forse con un generoso candore, perché nel Vietnam tacesse il cannone: credeva che, come al tempo di Augusto, arrivasse un momento felice nella vicenda del mondo. E con i trattati si potessero unire gli uomini, superando le divisioni ideologiche e i confini e dando «il pane a tutte le creature».

Gli sembrava che fossimo in viaggio verso la Terra promessa, si rifaceva a Isaia: «O diecimila anni di pace, o tutto sarà ridotto a un braciere». È un ammonimento sempre attuale.

Non lo turbavano le controversie, gli scontri, le inevitabili lotte che animano tristemente la cronaca; rispondeva con la saggezza del bifolco: «Un po' di pioggia non cancella la primavera».

Cattolico, ma mai iscritto alla Dc, per lui il potere era «un servizio, perché senza capitano non c'è nave». Aveva della società una visione forse un po' schematica, ma che rispettava soprattutto la vita interiore o, se volete, l'anima: i ricchi erano quelli «non liberi intimamente», mentre «il povero è sempre un oppresso, al quale vien tolta una parte della sua personalità».

Rispettava i comunisti; c'erano in loro prospettive contemplate anche dalla Bibbia – e poi Marx era un ebreo – ma respingeva «tutto ciò che intacca la sfera individuale». Anche nell'amministrare la cosa pubblica bisognava rispettare la morale, perché la legge è uguale per tutti; il più grave peccato, per uno chiamato a comandare, è non sentirsi a disposizione del prossimo.

Credeva anche nei sogni. Enrico Mattei mi raccontò che un giorno, mentre presiedeva una riunione, ricevette una telefonata urgente di Giorgio La Pira.

«Enrico,» gli diceva il sindaco dei fiorentini «ho parlato

stanotte con lo Spirito Santo. Mi ha detto che verrai subito qui.»

«Non credo» obiettava Mattei. «Non vedo perché.»

«Mi ha detto che verrai e prenderai il Pignone.»

«Hai capito male» rispondeva Mattei. «Non mi intendo di industrie meccaniche.»

«Mi ha detto che farai un affare» insisteva La Pira.

Mattei mi guardò e concluse il suo racconto: «Ho preso il Pignone e adesso lavora senza sosta».

Un solo rimprovero ha ferito La Pira: quando lo accusarono di eresia. «Io» diceva «sono un tomista agganciato alla Chiesa romana.» Guardava al futuro con cuore sereno: «Siamo all'alba di una nuova gloria. Nel capitolo VII dell'Apocalisse sta scritto: "Tutto è pronto per la distruzione, ma c'è un ordine che la ferma". Non trascuriamo Isaia che non è un imbecille: "Trasformeranno le loro spade in aratri, le loro lame in falci". Sarà l'èra dei monaci, degli artisti e dei bambini».

Lega

A Torino gli aristocratici non parlavano italiano, ma soltanto francese o piemontese: anche il sovrano sapeva poco la lingua nazionale, ed è quasi una tradizione dei Savoia.

Sul letto di morte, il conte Camillo Benso di Cavour ha un rimpianto che è quasi una anticipazione: «L'Italie du Nord est faite, il n'y a plus ni Lombards, ni Piémontais, ni Toscans, ni Romagnols: nous sommes tous italiens; mais il y a encore les Napolitains».

Già. Il problema, dunque, è vecchiotto. Questo affare del campanile ci ossessiona. C'è un classico del regionalismo: *Cuore*. Si comincia con *Il piccolo patriota padovano*, si prosegue con *Il tamburino sardo*, e via con *La piccola vedetta lombarda*, *Il piccolo scrivano fiorentino* per arrivare, finalmente, al *Sangue romagnolo*. E chi è il protagonista dell'ultimo racconto mensile, titolo premonitore: *Naufragio*? «Un ragazzo italiano d'una dozzina d'anni, piccolo per l'età sua, ma robusto; un bel viso ardimentoso e severo di siciliano.» Non vi dico il finale: fa piangere.

I leghisti, secondo una recente definizione di Achille Occhetto, «sono dei baluba». Per comodità del lettore, ricorderò che i baluba (da non confondere con i bakunda o con i babui) sono una popolazione dello Zaire, che si dedica all'agricoltura, alla caccia e alla pesca. Sono anche pregevoli intagliatori del legno e dotatissimi musicisti: suonano la mariumba e la sansa, strumenti che assomigliano allo xilofono e al pianoforte. Baluba Bossi?

Lingua

Come si spiega un Paese, diceva Ferdinando Petruccelli della Gattina (che scrisse un libro piuttosto critico sugli onorevoli del suo tempo), che al Nord chiama «uccello» un particolare anatomico che al Sud qualificano «pesce»?

C'è sempre stato il problema di intendersi e a Villa-franca, durante il Risorgimento, i patrioti si spararono addosso perché non si capivano neppure tra di loro.

Adesso, anche per merito della televisione, ci accomuna almeno l'uso del vocabolario e inventiamo anche parole o espressioni nuove.

«Palazzo» per potere lo dobbiamo alla genialità di Pier Paolo Pasolini; ad Alberto Ronchey va riconosciuto «lottizzazione», e chissà che diritti, se fosse protetta da copyright; Nenni parlò per primo di «stanza dei bottoni»; e Arnaldo Forlani di «sfascismo»; don Sturzo battezzò «cattedrali nel deserto» certi impianti dell'Eni in Sicilia.

Nessuno ha mai capito bene «le convergenze parallele» di Aldo Moro, perché si sa che quelle due linee sono simmetriche, ma non si incontrano.

È entrata nell'uso anche la locuzione «società civile», mentre il computer rivela che la più usata è «cosa», il numero più ricorrente nel discorso è 2, il nome proprio più diffuso è Antonio. La più recente «lumbard», il consiglio frequentissimo, di origine meridionale, «vaffan».

I parroci di Brescia, indignati, hanno lanciato una campagna, con locandine, fogli illustrativi, cartoline, contro la terminologia scurrile, per la «pulizia verbale».

Effettivamente è un dilagare, un fiorire di culi, coglioni e via dicendo; e «casino» sta per rumore e confusione.

Cesare Zavattini pensò di sbigottire la platea e alla radio osò e disse: «Cazzo». Adesso, e spero di non essere frainteso, il cazzo entra dappertutto. Piace molto il comico Paolo Rossi perché «cazzeggia». È un modo di dire: «Che cazzo vuoi?», il che fa supporre un campionario assai vasto: inesistente; «Non me ne importa un cazzo»: eccessivo.

Un commentatore politico del Tg2, che ha sporto querela perché il suo volto, a *Blob*, è stato paragonato a «una bella faccia di cazzo», è diventato più popolare e il pubblico lo segue con maggiore attenzione.

Uno sfortunato è «sfigato», una bellona è «strafiga»; è in vendita un 45 giri del cantautore Marco Masini dal titolo indicativo: *Vaffanculo*. «Scassacazzi» è chi importuna, lo scocciatore.

Anche per l'Aretino «non avere peli sulla lingua» veniva tradotto con «dire pane al pane e cazzo al cazzo», niente metafore, bisogna essere espliciti, diretti.

Così tra i desideri dei lettori di *Cuore* c'è «Vedere Sgarbi appeso per le palle» e «Una bomba nel culo a Craxi»; Dario Bellezza, in diretta, disse ad Aldo Busi: «Sei un frocio», replica: «E tu una mignotta».

Addio, vecchio candore. Ci fu, nel dopoguerra, una contadina che durante uno scontro tra dimostranti e polizia, su una piazza di Modena, venne colpita, per fortuna di striscio, da una pallottola.

Durante il processo per il fattaccio, il presidente del tribunale le chiese: «Lei, signora, fu ferita nel tafferuglio?».

«No,» fu la risposta «più su.»

Linguacce

Niente di nuovo nel mondo delle lettere: il pettegolezzo perfido, la stroncatura invidiosa, la supponenza sono sempre stati di moda. Nella corrispondenza di Faulkner si legge: «Povero Hemingway, bisognava che si sposasse quattro volte per capire che il matrimonio è votato alla sconfitta».

Tolstoj aveva il coraggio di dire a Čechov: «Le commedie di Shakespeare sono cattive, ma le vostre sono ancora peggio».

Anche Ernest Hemingway nelle lettere private si lascia andare: Virginia Woolf «ha passato il suo tempo a tentare di denigrare o di contestare la sincerità dei giovani autori, per salvare la sua reputazione letteraria»; Henry James non ha scritto che «paccottiglia»; Claudel «è ridicolo»; Larbaud è «stupido, ma buono e simpatico».

Poi Ernest ha un sussulto di autocritica e confida a Francis Scott Fitzgerald: «Io scrivo una sola pagina di capolavoro per novantuno di merda». Scrivere era la sua più forte ragione per vivere e non sempre i risultati accompagnavano la speranza: ed ecco le terribili crisi depressive. «Amo molto la vita» confessava. «L'amo talmente che proverò una grande repugnanza quando dovrò uccidermi.» Accadde il 2 luglio 1960.

Di Vittorio Gorresio e di Paolo Monelli, che spasimavano per la stessa signora, si diceva: «Il terno al letto». Di Papini che vendette la sua *Storia di Cristo* per 17 lire si diceva: «Ha fatto uno sconto. Giuda aveva preteso trenta denari». Di due editori, padre e figlio, che avevano avuto a che fare con una disponibile scrittrice si diceva: «Gli incesti del mestiere».

Tutto il mondo è chiacchiera.

Lollobrigida Gina
(1927)

L'umanità si è compiaciuta perché l'Italia ha dato al mondo, oltre a Leonardo da Vinci e al duomo d'Orvieto, anche le tette di Gina Lollobrigida, una delle cosiddette «maggiorate»: l'altra, ugualmente famosa, è Sofia Loren. I francesi le chiamavano «les Lollo».

Ma, se studiassimo un po' più la storia, sapremmo che Beatrice Cenci creò parecchie difficoltà al boia che doveva tagliarle la testa, perché aveva lunghissimi capelli e soprattutto perché il turgore del seno le impediva di posare il collo sul ceppo della mannaia.

A proposito: seno, grammaticalmente, è singolare, ma come osservava Tom Antongini, il segretario di D'Annunzio, per fortuna sono due. Molto apprezzati, e non solo dai laici.

Nella commedia *Il cardinale Lambertini* di Testoni, il pio uomo, che poi diventò pontefice, ammirando il *décolleté* di una dama, che esibiva un crocefisso sopra le poppe, disse: «È bella la croce ma è più bello il Calvario».

Raccontano che Giovanni XXIII, quando era nunzio apostolico a Parigi, prese parte a un banchetto mondano. Aveva accanto a sé una signora piuttosto scollacciata.

Alla fine della cena, con molta amabilità, e con qualche ironia, le porse una mela sorridendo: «Anche Eva» disse «dopo averla mangiata si ricoprì».

Loren Sofia
(1934)

Lo ha deciso il popolo di *Fantastico*: Sofia Loren, nel ricordo della gente, è la più viva e la più forte: più di Marilyn e della Callas, di Fred Astaire e di Edith Piaf. È vero che molti dei concorrenti al titolo di «più amato» sono defunti, ma va riconosciuto che la signora Loren ha un'immagine che accontenta tutti: maliarda e onesta madre di famiglia, matura signora, ma ancora dotata di richiami peccaminosi, capace sempre di profonde trasformazioni: da Sofia Scicolone a Sofia Lazzaro, a Sophia Loren; dalle sceneggiate napoletane ai film con De Sica o con Chaplin. Non è stata una vita fortunata la sua, ma voluta, costruita con il talento e il carattere.

Quando nacque, da una unione «irregolare», era una fragile bimbetta che per tutta l'adolescenza sembrava destinata a soccombere e, invece, verso i quattordici, racconta la madre, «miracolo di Dio, sbocciò come un fiore»: i prodigi della Provvidenza e degli ormoni sono sempre imperscrutabili.

Ha sposato Carlo Ponti che per lei, è sempre mammà che parla, «è padre, fratello, amico, amante, marito». Il che non è un impegno da poco. Sofia mi ha detto una volta: «Bisogna conoscere i propri limiti: non ho mai pensato che mi andasse così. Per me il cinema significava soprattutto lavorare, il pane. Il successo: non ci penso mai. Che cos'è? Fare le cose che più ti piacciono».

Le memorie? «Charlie Chaplin. Se mi avesse detto di leggere l'elenco telefonico ci sarei stata. Apparentemente sembrava freddo e cattivo, invece era dolcissimo e molto umano. Veniva in studio con la moglie che non lo lasciava un momento. Diceva cose bellissime: "Quando vado a Londra, nel quartiere povero dove sono nato, l'odore dei fagioli mi commuove". Succede anche a me.»

«Poi Walt Disney: fummo premiati insieme. Non sapevo che era molto malato. Se ne andò poco dopo. Ho conosciuto Elsa Morante: parlava poco, ma era acuta, sensibile, una persona fantastica.»

Piuttosto solitaria, senza amiche, Sofia Loren si guarda con simpatia perché, dice, «sono rimasta Sofia Scicolone» e poi è orgogliosa per quello che ha fatto: «Non ho mai frequentato corsi di recitazione, ho dovuto coltivarmi, imparare le lingue, ho fatto tutto da me. Ma non ho mai sacrificato un figlio per una parte, la mia esistenza per una affermazione: le insoddisfazioni private si vedono anche sullo schermo».

Di tutto questo gli spettatori si sono accorti.

Lourdes

L'ultima salvata di Lourdes è stata una piccola siciliana, di nome Delizia Ciroli. Quattordici scienziati di reputazione internazionale hanno stabilito che la sua guarigione è «scientificamente inesplicabile». Soffriva per un sarcoma alla tibia e i medici consigliavano l'amputazione. L'acqua che scaturisce dalla prodigiosa fonte, nelle montagne dei Pirenei, ha compiuto ancora un portento, qualcosa di soprannaturale.

Sono andato una volta anch'io in quel posto santo, non come pellegrino. Era una gelida giornata invernale e la cittadina appariva deserta. Solo tre alberghi accoglievano gli scarsi visitatori. Niente treni e niente voli charter.

Chi non è toccato dalla Grazia rimane colpito, più che dai «segni del cielo», dai commerci della terra. Il peccato di simonia è ampiamente praticato. Si vende la pietra che «vi farà voler bene al primo incontro», il carillon che esegue una Ave Maria poliglotta, pastiglie che dovrebbero contenere anche le magiche risorse della fontana, falsi zoccoli da mandriano.

I malati si tuffano nelle vasche, anche soffrendo di piaghe purulente, senza trasmettere il contagio, e il Bureau des constatations médicales riconosce più di 60 guarigioni che non rientrano in «competenti e ragionevoli previsioni».

È vero che a nessun cieco è mai ritornata la vista, che a nessun mutilato è ricresciuta la gamba, ma si registrano vittorie sulla sclerosi a placche, sui morbi di Addison e di Hodgkin, o di Budd-Chiari, e sono affezioni che non perdonano. Le forme tubercolari sembrano quelle più sensibili agli interventi divini. Dove non arriva la ragione arriva il Signore.

E tutto questo per merito di una pastorella, Bernadette

Soubirous, che incontrò la Madonna e le parlò: «Una piccola signorinella più giovane del peccato», come ha scritto Bernanos, che non sapeva né leggere né scrivere, pativa d'asma ed è morta a trentasei anni nel convento delle suore di Nevers. Dei suoi discendenti uno è cardiologo, uno militare, uno grossista di «ricordini» che celebrano la virtuosa antenata.

C'è chi attribuisce il lieto fine di tante tragedie alla suggestione, chi assicura che casi strepitosi si verificano anche nelle corsie degli ospedali, ma le statistiche impressionanti sono a favore di quella comune acqua potabile, medio-minerale, lievemente diuretica, con una accentuata presenza di bicarbonato di sodio, di cui si distribuiscono bottigliette di plastica a devoti di tutto il mondo.

Macaroni

Ci sono notizie che, in fondo, rallegrano. Ci hanno invasi con la Coca-Cola, ma noi abbiamo ricambiato dilagando con la pizza. Eisenhower sosteneva che la migliore si mangia a New York. Una volta, per offendere un italiano, c'era una parola che doveva essere dileggiante, inventata dai francesi: «Macaroni».

D'ora in poi deve essere intesa come un attestato di benemerenza. In Gran Bretagna la Royal Army ha sostituito, ed era ora, l'ignobile scatoletta di *meat and vegetable stew* (carne in scatola e fagioli) con razioni di pasta al ragù e polpette al pomodoro, ottenendo il consenso entusiastico dei *Tommies.*

Con questo intendiamo sdebitarci dei cappottini con gli alamari alla Montgomery e delle minigonne di Mary Quant. Un motto diceva: «Con il vapore e con la Bibbia l'Inghilterra attraversa l'universo»; e si ferma, giustamente, davanti a un piatto di pasta fumante.

Mafia

«Unione segreta di persone di ogni grado e di ogni specie che si danno aiuto nei reciproci interessi senza rispetto della legge e della morale.»

Palazzi, *Novissimo dizionario della lingua italiana*

«È un business come un altro, con la differenza che ogni tanto spara.»

Mario Puzo, autore de *Il Padrino*

«Se hai dei princìpi seri, d'omertà. Se pensi che non andare d'accordo con la polizia è bene. Quando uno deve morire perché lo merita, si provvede, e non si deve passare neppure una notte in camera di sicurezza, e bisogna cercare tutte le scappatoie possibili per non pagare.»

Tommaso Buscetta, ex membro di Cosa Nostra

«La mafia è come una banca: paga con denaro contante.»
«Chi tondo è nato non morirà quadrato.»

massime di Cosa Nostra

«Il menù della mafia: pasta e fagioli, ossobuco, orecchiette con piselli e prosciutto, pesce spada con olive e capperi, cannoli alla siciliana (con ricotta), maiale in agrodolce, scampi alla Gambino (con uova e burro), pane alla Tommaso Buscetta.»

Joseph Iannozzi, *The Mafia Cookbook*

Mamma

La regina è madre, la suora è madre (ma non superiora, diceva Arletty), poi ci sono la madre terra e la madre patria, la madre chiesa e la madre natura.

Ma c'è, soprattutto, la mamma. Quella italiana è la più forte, la più importante, l'ineguagliabile. «Io voglio bene solo a mamma mia» cantava negli anni Trenta Gabrè, il fine dicitore. Nel primo dopoguerra, in uno slancio di infinita tenerezza, ci fu chi inventò addirittura una sottoscrizione per la povera mamma del Milite ignoto.

Mangiare

In un vecchio film di Pietro Germi, una vecchietta siciliana vestita di nero, sballottata dal treno, diceva: «A Melano ce sta gente cattiva: mangiano riso».

Anche a Palermo. Ormai le diete ci uniscono. Certe ricette, come osserva Pietro Camporesi, appartengono «all'archeologia sociale». Come certi odori, certi sapori: rappresentano la nostalgia del passato.

Nell'immediato dopoguerra abbiamo scoperto il «frigidaire»: poi il frigo è entrato in tutte le case. Dopo sono arrivati i surgelati, il supermarket, la paninoteca, il fast-food, il forno a microonde, l'hamburger con le inesorabili patatine, il dietologo, con l'obbligo di dissociare i carboidrati dalle proteine: ed è cominciato il Ramadan, il lungo digiuno, è finita «la schiavitù dei fornelli» e, suppongo, se ne è andato anche «l'angelo del focolare».

«Si mangia più a Bologna in un anno che a Venezia in due, a Roma in tre, a Torino in cinque, a Genova in venti» scriveva a suo tempo Ippolito Nievo.

Ricordi: si mangia poco da tutte le parti. Trascrivo il menù del Quirinale per il pranzo in onore del presidente degli Stati Uniti d'America e della signora Carter: «Brodo in tazza, Bordura di riso alla marinara, Lombata di vitello al forno, Spuma di ananas. Vini: Montecarlo, Refosco e Spumante Ferrari».

Mario Soldati sostiene che nelle piccole città si mangia bene; Folco Portinari, invece, è pessimista: «Tutto è finito con il Rinascimento». Gualtiero Marchesi conclude con amarezza: «Siamo quello che mangiamo». Niente burro, secondo la dieta mediterranea, pasta, olio, pomodoro, tanta frutta e tanta verdura e un bicchiere di vino. D'accordo: ma c'è chi propone frullati di carota, kiwi, centrifugato di mela, yogurt con fermenti lattici vivi, albicocche coltivate biologicamente.

E gli spaghetti, allora? Alla puttanesca, alla amatriciana, alla carbonara, all'assassina, ai settemari: ma che senso ha, diceva un mio amico, vivere da malati per morire da sani?

Maria José
(1906)

Sono andato a rileggere le cronache di allora: gennaio 1930. Si parla di grandi feste: cavalcate, danze, costumi, fantasie, canzoni. E a corte ricevimenti con 5000 invitati.

Quando Umberto e Maria José, in abito di velluto bianco, con lo strascico sostenuto da quattro gentiluomini, entrano nella Cappella Paolina, cento cantori intonano l'antico inno sardo: *Conservet Deus su Re*. I cannoni annunciano al popolo che il rito è compiuto: l'erede al trono ha una sposa. Stormi di colombi spiccano il volo per recare la lieta novella nel Belgio.

Ma la bionda principessa venuta dal Nord sarà regina soltanto per venticinque giorni e senza illusioni. Forse era la sola, in Casa Savoia, che sapeva guardare lontano, che si ribellava al fatale gioco di una politica folle.

Ora parla del dramma vissuto con misura e distacco. Ci siamo incontrati nel modesto studio di Merlinge, nella vecchia villa dove aveva trovato rifugio, e le parole rievocano vicende che paiono tanto lontane.

– Maestà, che impressione le fece l'Italia fascista quando arrivò da un Paese libero?

«Una sensazione di grandezza, il decoro esteriore era bellissimo. Le feste per il mio matrimonio sono state molto ben preparate, si vedevano sfilate, ci fu il corteo delle regioni.»

– Lei ha avuto occasione di incontrare diverse volte Mussolini. Che opinione aveva di lui?

«Non saprei dirla, perché è troppo complesso il soggetto. E poi sono stata diciotto anni a Roma con la dittatura.»

– Non sono stati giorni felici?

«Sa, la vita è sempre un po' felice, un po' no...»

– Dei gerarchi chi ha stimato?

«Abbastanza Grandi, perché ha fatto il 25 luglio, ha riunito il Gran Consiglio e ha deciso che Mussolini se ne doveva andare.»

– Com'era la sua vita di principessa di Napoli?

«Ah, Napoli, quella è una città speciale.»

– E la vita di corte com'era?

«Oggi non si usa più. Una volta c'era, ma all'epoca di Emanuele Filiberto o di Vittorio Emanuele II. Insomma, un'esistenza abbastanza normale.»

– Le pesava la mancanza di libertà?

«La libertà me la sono sempre presa. Si può averla ovunque.»

– Quando capì che l'Italia si avviava alla guerra?

«Si sapeva che prima o poi Mussolini avrebbe lanciato il Paese in una avventura. E dopo l'Asse, il Patto d'acciaio, si capiva anche che era un'impresa pericolosa.»

– Lei che cosa fece per tentare di impedire quella sciagura?

«Si cercava di parlare anche con quelli del partito, di rassicurare gli antifascisti, ma niente serviva perché ormai Mussolini poteva determinare tutto.»

– E non crede che in questo vi fosse anche la responsabilità del sovrano?

«Sa, è un dittatore solo che decide le cose.»

– Lei aveva rapporti con Benedetto Croce e con gli oppositori del regime. Che cosa dicevano?

«Ma loro sapevano esattamente quello che sarebbe successo. Difatti è andata come avevano previsto: la guerra l'Italia l'avrebbe persa e la monarchia sarebbe caduta.»

– Quale fu la reazione di Vittorio Emanuele quando seppe dei suoi contatti con uomini ostili al fascismo?

«Disse che ci avrebbe pensato lui, e difatti andò così. Allora non feci più niente.»

– È vero che anche Italo Balbo e Amedeo d'Aosta intuivano che tutto si sarebbe trasformato in un disastro?

«Sì, è vero.»

– Che idea aveva di Badoglio?

«Badoglio era l'unico deciso a rovesciare il fascismo.»

– Come ha vissuto il 25 luglio? Come lo ricorda?

«Eravamo tutti felici. Ma il fatto che Badoglio diceva: "La guerra continua" ci rattristò. Come lo seppi? Lo sentivo gridare per le strade, sentivo urlare. Hanno buttato giù la statua di Mussolini che stava a via della Prateria, dietro il Quirinale. L'hanno fatta rotolare e con martellate l'hanno rotta. Ecco, pensavo, ieri adorano, domani condannano.»

– Ho letto che nel 1943 lei disse: «Andrei anch'io in montagna con i ribelli». È vero?

«Sì. Ho cercato, ho pensato molto di andare a combattere con i partigiani. Però mi dicevano che la Svizzera era un covo di spie e che i tedeschi lo avrebbero saputo subito, mettendo in atto chissà quali rappresaglie. Così avrei avuto tanti morti sulla coscienza.»

– La chiamavano «Regina di maggio». Le dispiace rievocare quei giorni?

«No. Tutta la gente lo sapeva che non si rimaneva. Ho vissuto come in aspettativa. Pensavo che la monarchia non sarebbe passata al referendum.»

– Non avevate qualche possibilità di salvarvi?

«Forse ritardando il referendum, ma non so.»

– Le è pesato molto il distacco dall'Italia?

«Sì, perché pensavo che non sarei mai più ritornata.»

– Al referendum lei votò socialista...

«Fascista non potevo votare, democristiano non volevo, comunista neppure e non ritenevo opportuno scegliere la lista monarchica. E poi ci vuol sempre un partito forte, che tenga a bada i comunisti. Ma, adesso, le cose sono cambiate. Perché ogni momento è diverso, nella storia.»

– Come avvenne il suo distacco dall'Italia?

«Be', sa, mi dispiaceva dover andar via.»

– Che cosa le manca dell'Italia, maestà?

«Mi manca la bellezza, il caldo, il sole, e poi il calore umano che gli italiani danno, che forse in altri Paesi hanno meno.»

– Quali sono, secondo lei, le qualità vere degli italiani?

«L'umanità.»

– E i difetti?

«Hanno sopportato troppo tempo il fascismo.»

– Come ricorda la regina Elena?

«Era una persona di grande bontà.»

– E Vittorio Emanuele III?

«Un gran signore. Molto colto, un erudito. Mi faceva vedere le sue monete che erano tanto belle, le ha lasciate in un palazzo a Roma.»

– Lo descrivono come un uomo freddo, gelido, distante. Era così?

«No, no. Molto gentile. Con me lo è sempre stato.»

– Secondo lei, le monarchie hanno ancora una funzione?

«Mah.»

Mastroianni Marcello
(1924)

Lo hanno proclamato «il migliore attore europeo». Per due volte è stato candidato all'Oscar. Gregory Peck, quando vinse, fece un discorsetto onesto e generoso: «Sono contento, ma Mastroianni è più bravo di me».

È un grigio pomeriggio milanese, che gronda pioggia e malinconia. Chiacchiero con Marcello nel residence che lo ospita: con quei mobili dorati e inutilmente fastosi che danno il senso del generico e del provvisorio. Ma Marcello non si lascia deprimere: «A volte» racconta «mi ospitano in appartamenti lussuosi, ma per me anche una qualunque stanza va bene».

Tra le molte persone che conosco, eccone una che ha conservato un incredibile candore, che è rimasta fedele a se stessa. La notorietà che gli procura il successo lo imbarazza; quello che guadagna spende. Ama la vita: anche se da qualche tempo, confessa, è più portato a pensare che la strada ancora da percorrere non è lunghissima. Ma credo che, anche se fosse malato, gli piacerebbe ancora svegliarsi ogni mattina con la voglia di fare, di esserci: chissà, pensa, se dopo il Duemila il mondo cambierà davvero.

Il perito edile Mastroianni avrebbe voluto fare l'architetto, ma recitare soddisfa davvero il suo bisogno di nascondersi, di inventare un'altra storia; ed è grato a coloro che gli consentono di seguire la sua vocazione più profonda: immedesimarsi in un personaggio, dargli le sue fantasie e la sua insicurezza. Anche un po' del suo egoismo: ma ha il grande merito di confessarlo, senza concedersi attenuanti.

Non è vero che tra lui e Federico Fellini ci siano affinità: ma sono tutti e due un po' bugiardi, però senza malizia, tutti e due legati in modo totale al lavoro, che per loro è anche il solo modo di esistere.

«Fellini» dice «è un autore: devi capire quello che lui vuole senza chiedergli perché; e mi fa ridere chi vorrebbe che seguisse un copione. Io arrivo al mattino e gli dico: "A Federì, che mi fai fare oggi?".» E Federì inventa battute e soluzioni. Gli fa mettere un costume da Mandrake e lo porta a trovare l'Anitona Ekberg, vasta e sorridente e sbigottita da quella visita; e si improvvisa una delle sequenze più tenere ed emozionanti del cinema.

Quest'uomo che ha avuto tra le braccia, nella finzione e nella realtà, alcune donne da leggenda, e che è stato tante volte costretto a parlarne, perché la cronaca pettegola non perdona, ricorda con tenerezza i primi turbamenti d'amore: «Ero ragazzino. Si chiamava Silvana, incontrata ai soliti giardinetti, mi piacque tanto, corsi a casa, eravamo ospiti di uno zio, in un villino dei ferrovieri, presi una rosa, non mi sembrava abbastanza profumata e ci versai sopra la colonia di mia madre. L'accompagnai a casa e le diedi un bacio. Facevo passeggiate sotto la sua finestra, per ore».

I baci dati per rispettare la sceneggiatura, invece, non lo entusiasmano: sono di solito scene tecnicamente molto difficili, problemi di luce, di inquadratura, di rughe o di mascelle da sistemare con discrezione, e mi racconta che Vittorio De Sica, quando doveva interpretare quei momenti di passione, si faceva regolarmente precedere da una pastiglia Valda: «Signorina, mi sembra un po' raffreddata: prenda, le farà bene».

È un narratore pieno di umori e di sorprendenti intrecci; soffre di insonnia, anche un guanciale non proprio adeguato alle sue minuziose esigenze lo disturba. Allora, per acchiappare il torpore che precede il riposo, immagina di essere un alpino: le montagne lo hanno sempre suggestionato, fin dai campeggi dei balilla, e il cuscino diventa lo zaino, e fuori c'è tempesta, e domattina ci sarà l'attacco, e bisogna dormire.

È contento di avere avuto una parte in *Otto e mezzo*, un film che resterà, ed è pronto a nuove esperienze: «Se non ci si butta a questa età,» si chiede «quando mai si avrà il coraggio di cercare nuove avventure, di fare qualche scoperta?».

Hanno scritto, e detto, che è rimasto bambino: va be', anche nell'infanzia ci sono alcune eccezioni. Con quell'aria svagata e innocente ha capito tutto, o quasi: sa che guai se si ferma, se la catena di prodigi che gli ha concesso di restare se stesso si rompesse. È uno che non crede, che non prega, ma piange.

Gli domando: «Se ti dicessero: "Congedati dal pubblico" che cosa diresti?».

Risposta: «Arrivederci».

Mattei Enrico
(1906-1962)

È il 27 ottobre 1962, le telescriventi dell'Ansa battono la notizia 295: «Precipitato aereo di Mattei. È caduto a Bascapè, in provincia di Pavia, nei pressi di Melegnano».

Era un sabato sera, pioveva, c'erano folate di nebbia. La Rai trasmise l'annuncio nel telegiornale della notte. Sono passati molti anni: e, credo ingiustamente, l'immagine di quest'uomo, per tanti aspetti straordinario, appare assai lontana, sfocata. Eppure è stato uno dei protagonisti del dopoguerra, uno tra coloro che più hanno contato: l'Italia è quello che è anche per l'opera di Enrico Mattei, ingegnere *honoris causa*.

Con lui, dicono gli storici del costume, è cominciata anche «la corruzione di Stato».

Giorgio La Pira mi disse che lo considerava «la figura più eminente, anche in senso politico», altri lo collocavano subito dopo Alcide De Gasperi; il *New York Times*, che non era certo dalla sua parte, lo descriveva «ambizioso e spietato, e tuttavia pieno di fascino».

Cominciò come fattorino, non ancora ventenne dirigeva già una conceria con 150 operai, alla Liberazione comandava 100.000 uomini. Ha creato l'Eni.

Durante una lunga intervista mi spiegò la sua filosofia: «Una volta mi piaceva la caccia, poi, invecchiando, si diventa meno crudeli: non posso pensare di sparare a un animale. Tornai a casa, una sera, sfinito, e così i due cani che mi avevano accompagnato. Preparai per loro una grande zuppa, sarebbe bastata per dodici. C'era in un angolo un gattino striminzito, uno di quei gattini che si trovano nelle cascine e che mangiano quando possono. Si avvicinò al mastello. Un bracco tedesco, con una zampata, gli spaccò la spina dorsale. Non me ne sono mai dimenticato».

Forse anche per questo, lo strano cane nero simbolo dell'Ente idrocarburi, inventato da Longanesi, di gambe ne ha sette.

Cercò di essere ammesso al Consorzio petrolifero dell'Iran, gli bastava ottenere il 3, il 4 per cento, ma americani, francesi, inglesi e olandesi gli dissero di no. Allora cercò altre alleanze, anche con i più poveri. Indro Montanelli, che lo attaccava, ha scritto: «Credeva in quello che faceva. Era convinto di essere al mondo per qualcosa e di doverlo fare».

Mi raccontò un suo collaboratore: «Il suo gioco era molto difficile: conduceva una partita a poker con delle scartine». Qualcuno lo considerava un prepotente, ma lui si giustificava: «A me piace la battaglia».

Era un cattolico che faceva la comunione e corteggiava le donne: ma i soldi per lui non esistevano. Percepiva lo stesso stipendio del funzionario più pagato e non aveva molti bisogni. La pesca era il suo svago preferito.

Per raggiungere i suoi scopi, non guardava troppo per il sottile: finanziava un po' tutti, riviste e movimenti, nominava ministri suoi, faceva una sua politica. Che non andava a genio né a don Sturzo né a Ernesto Rossi. Degli imprenditori privati stimava solo Vittorio Valletta, «il più bravo». Tra i suoi beneficati figuravano anche i fascisti, e lo ammise: «Sì, è vero, ma io mi servo del loro partito come di un taxi: salgo, faccio la corsa, guardo il tassametro e pago».

Pur essendo una persona integra, non lo indisponeva la corruzione né l'intrigo: pensava a un matrimonio tra lo scià di Persia e Maria Gabriella di Savoia. «Opera e agisce per la rielezione di Gronchi»: è un'annotazione che si legge nel diario della sua guardia del corpo, Pacchetti. In ogni impresa dimostra una tenacia di ferro: il padre, il maresciallo dei carabinieri che arresta il bandito Musolino, gli aveva insegnato una sola regola di vita: «Bisogna avere pazienza, molta pazienza, perché le cose riescano».

L'Italia mancava di fonti di energia e andava a cercarle nel Medio Oriente oppure in Urss, perché voleva obbligare le Sette Sorelle a prendere in considerazione anche lui, «d'orfanello». Aveva molti nemici. Nessuno ha chiarito il mistero della sua fine: disgrazia o attentato.

Il profilo che, a mio parere, più gli assomiglia, lo ha tratteggiato Luigi Barzini jr: «Voleva fare dell'Italia una Nazione moderna, civile e prospera. Certo, non badava per il sottile quando voleva raggiungere i suoi traguardi. Si liberava con ogni mezzo degli impacci che lo frenavano. Corrompeva e talvolta umiliava quello stesso Paese alla cui dignità aveva dedicato l'esistenza».

Milano

Chi dice Milano dice Duomo, dice Madonnina: sta lassù, sopra le guglie, dorata, nella luce del sole o dei riflettori. È il punto di ritrovo per il comizio, la sagra del risotto, la Stramilano, il concerto in piazza. C'è la domenica un mercatino dei fiori e degli uccellini e dalla periferia arriva una folla colorita che ha una spiccata aria paesana, da giorno di festa.

Piazza Duomo non è bella, ma singolare: è un campionario di seicento anni di architettura e la stessa cattedrale ha dovuto aspettare cinque secoli prima che arrivasse Napoleone a dare ordine di completare la facciata.

C'è, da un lato, l'Arengario, che qualcuno vorrebbe buttare giù; c'è la Galleria, forse impropriamente definita «il salotto», con qualche locale famoso, come il Ristorante Savini, un tempo ritrovo di artisti, di bustarellari e oggi di signori facoltosi; e c'è un edificio dominato da insegne luminose che non hanno niente a che vedere con tutto il resto ma «i danée» sono i soldi, e qui sono abituati a rispettarli.

Qualcuno vorrebbe cambiarla, ma penso che sarebbe un errore: è entrata così nella memoria collettiva e non credo che sarebbe un miglioramento piantare una quinta di alberi di alto fusto o rifare la pavimentazione, o spostare il monumento a Vittorio Emanuele II, o buttare giù qualche palazzo. Ha una sua dignità che non andrebbe turbata, ed esalta anche due simboli della intraprendenza lombarda: Motta e la Rinascente. Tra la basilica e il panettone c'è visivamente anche qualche affinità.

Per la funzione che esercita di luogo di convegno va bene così com'è: qui si danno gli appuntamenti gli immigrati, sicuri di incontrarsi, come una volta i militari e le balie, altri esuli; qui finivano i contestatori del Sessantotto, i giovani che volevano la fantasia al potere e poi han dovuto lottare per trovare un posto di lavoro, o i cortei con le bandiere tricolori, per inneggiare all'Inter o al Milan campioni o alla memorabile vittoria al Mundial.

Piazza del Duomo, nel bene e nel male, segue le sorti della metropoli che, dice Camilla Cederna, «sporca, imbruttita da morire, in certi momenti addirittura a pezzi, è diventata maleducata al massimo, è in stato confusionale, di circolazione pessima, d'aspetto trascurato se non indecoroso». La chiamavano «la capitale morale» poi è arrivata Tangentopoli.

È ritenuta la più europea delle nostre città, ma le troppe auto che non sanno dove parcheggiare e una certa trascuratezza, o la mancanza di personale, lasciano trasparire sporcizia e disordine, e le immondizie talvolta dilagano anche nei parchi e nei giardini, dove i bimbi vanno a giocare.

Ha detto un regista che è anche un poeta, Ermanno Olmi: «Milano respira solitudine»; ogni categoria sociale ha i suoi svaghi e i suoi rituali: i ricchi, i viaggi, la vela, la Scala, i teatri e i ristoranti, gli sport e anche lo yoga; la classe media, le bocce, le partite a carte e le riunioni popolari.

Milano ha venti biblioteche, come Bergamo, che ha però una popolazione dieci volte inferiore. Ma la bellezza di Milano, spiega il romanziere Carlo Castellaneta, «è tutta interiore, fatta di rumore, di movimento, di lampeggiatori rossi, e piazza del Duomo era il simbolo di questo dinamismo». Forse oggi un po' attenuato.

Su questi selciati è passata la storia: dai tram a cavalli a quelli elettrici, dalle barricate delle Cinque Giornate alle adunate fasciste, ai camion dei partigiani; ora la piccola cronaca è fatta dai venditori di noci di cocco, da fotografi ambulanti, da mercanti di ricordini e di vessilli calcistici. Ma una frase di Giovanni Verga è sempre vera: «È la città più città d'Italia». E il poeta Saba dice: «Mi riposo in piazza del Duomo. Invece di stelle si accendono parole».

Militari

Agosto 1942, battaglione allievi sergenti universitari, Sassuolo. Tutti schierati nel cortile di un ex convento. Parla il comandante, tenente colonnello Consolo: «Sono trent'anni che sto sull'attenti». Una sconosciuta voce dal fondo: «Riposo».

Armir, Armata italiana in Russia, schierata nella steppa. Parla il comandante generale Gariboldi: «Soldati di Francia, *pardon*, soldati d'Italia».

Un volontario prigioniero in un campo inglese, in Egitto, al compagno di reclusione Ottavio Missoni: «C'è un dubbio che mi tormenta; se sono andato a combattere per la Esso o per la Shell».

Truppe «badogliane», dopo l'8 settembre, al Sud. Un ufficiale a un camerata: «È scattata l'offensiva dei nostri». Obiezione del camerata: «Ma i nostri chi sono?».

Mogadiscio

La canzone degli anni Trenta attaccava: «O bella venditrice di banane mogadisciane». Il primo scandalo che riguardava l'ex colonia fu provocato proprio da questo frutto: che era cattivo e caro, ma c'era un monopolio che lo commerciava, e passava quattrini alla Democrazia cristiana. E gli italiani, come sempre, mandavano giù.

Poi arrivò al governo Siad Barre ed ebbe amici di tutti i colori: se Bettino Craxi ne esaltava «la saggezza», Enrico Berlinguer ne apprezzava «l'elevata opera di progresso e di giustizia».

Questo Siad Barre è, notoriamente, un vecchio mascalzone, un assassino, ma gli affari sono affari e in questi trent'anni nel paese del Corno d'Africa ne sono stati combinati tanti. Anzi: sarebbe curioso calcolare gli aiuti che la Somalia, quasi un rimborso, ha dato ad alcuni nostri svelti connazionali.

Di sicuro c'è chi ha guadagnato qualcosa su quei 2000 miliardi che sono usciti dalle nostre tasche per costruire strade sulle quali non passa nessuno, per montare fabbrichette che non funzionano, per far marciare camion che, invece di trasportare merci, scarrozzavano poliziotti o pescherecci che tiravan su poche reti. Ma, si consolavano al ministero degli Esteri: «Non tutto è andato perduto». Fuor che l'onore, direbbe un cavaliere antico.

Perché è scomodo sostenere che Saddam è un tiranno, quando si è ostinatamente protetto questo Barre, senza che neppure la compagna Margherita Boniver, così sensibile ai problemi di Amnesty International, si rendesse conto che anche l'ex carabiniere non è proprio un bonaccione.

Eppure sui giornali si leggevano titoli come questi che Gianluigi Melega ha selezionato: «Siad Barre, un dittatore feroce sponsorizzato dall'Italia» (*l'Unità*, ottobre 1989), «Sbarre e Barre. La Somalia un unico lager» (*Il Mattino*, dicembre 1987), «Siad Barre, il boia d'Africa» (*La Stampa*, ottobre 1989, presentando un articolo del *Wall Street Journal*). Quanti lettori distratti.

È vero che da quelle parti il concetto di democrazia è un po' vago, ma la morale non giustifica l'uso di qualunque mezzo, quando, oltretutto, il fine raggiunto è il disastro. Non si sono salvati né i poveri somali, né i nostri denari, né la nostra reputazione.

E non è vero che certi rapporti internazionali bisogna curarli in ogni modo, sorvolando sui princìpi, facendo finta che le buone regole siano pregiudizi. Fu così anche con Ceausescu, e c'è gente che, se va a rileggere quello che disse e scrisse allora, dovrebbe ritirarsi con vergogna e in silenzio. Posso testimoniare che Pertini si rifiutò di recarsi a Bucarest: «Io non dò la mano a quel ladro, capo di una famiglia di ladri» diceva. Era un sentimentale, forse. O un galantuomo.

Montale Eugenio
(1896-1981)

Non ero tra gli intimi, ma con Eugenio Montale ho avuto lunghi colloqui. Timido, scontroso, si lasciava anche andare, ed era un conversatore piacevole, ironico, qualche volta cattivello. Diceva, per esempio, che da ragazzo sognava di diventare un cantante famoso, ma non ce l'aveva fatta. «Forse» spiegava «non ero abbastanza stupido: per riuscire occorre un misto di genialità e di cretineria.»

Si è saputo che il poeta si faceva scrivere le recensioni che pubblicava sul *Corriere* da Henry Furst, poi le firmava.

I suoi amici hanno giustificato il poco onorevole espediente con una stanchezza psicologica che gli impediva di rispettare un contratto; qualcuno l'ha presa come una beffa, o una rivolta, contro gli editori capitalisti. Certamente era un mezzuccio non degno di un così grande personaggio che, tra l'altro, aveva proclamato: «Non attribuisco nessun particolare privilegio all'artista nella società: nessun merito speciale». Ma aveva anche confidato: «Meritano comprensione quelli che, per tenersi a galla, si arrangiano, si adattano, usano anche i modi sleali».

Tracciava di sé un ritratto rassegnato e sbiadito: «Non ho mai saputo quale faccia dovessi avere davanti al mondo. Gli eventi mi hanno modificato. Sono diventato giornalista dopo i cinquanta, quando si va in pensione. Ho tradotto anche il primo volume delle memorie di Churchill. Non ho mai deciso nulla, cosa fare, dove andare. Sono poco adatto alla vita, sempre sulla difensiva. Non ho mai praticato uno sport, una felicità fisica non l'ho mai conosciuta. Ho sempre cercato di non sporcarmi le mani. Ma mi giudicheranno gli altri».

Qualcuno lo sta facendo: chi esalta i suoi versi, la sua genialità, chi condanna i compromessi che accettò. Qualcuno lo aveva descritto come «un opportunista scettico e rinunciatario».

Non era così. Aveva fatto la guerra. Ricordava la fucilazione di un soldato che aveva rubato un orologio e gridava: «Non uccidetemi, sono figlio di un professore di geografia».

«Vidi» raccontava «un cervello saltare in aria. Non era uno del mio reparto. Avevo un attendente che non sapeva né leggere né scrivere, e mi portava in spalla per scendere dalle rupi. Il mio torace era così sottile che avrei potuto chiedere l'esonero, ma non ho mai fatto niente per imboscarmi.»

Mi parlò una volta del tempo del regime, quando era direttore al Gabinetto Vieusseux, a Firenze: «Anche gli stranieri» raccontava «ammiravano il duce e io stavo bene attento quando venivano in biblioteca, a far chiacchiere».

Ammirava Gesù Cristo «e un po' meno Satana», ma il tipo d'uomo che amava di più era il buono, anche se, precisava, non sapeva dove trovarlo. Credo avesse paura di tutto.

Per una versione di Shakespeare, messa in scena da Strehler, perse una causa con una professoressa di Reggio Emilia che lo aveva accusato di plagio. Solo *La Stampa* pubblicò una breve notizia, e Giulio De Benedetti, il mio vecchio direttore, fu molto criticato. Non doveva mancare di riguardo, dicevano, a un italiano che aveva un posto nella letteratura mondiale. Più tardi vinse il Nobel.

Montanelli Indro
(1909)

Indro Montanelli è per la mia generazione un punto di riferimento: discusso, amato o respinto, da mezzo secolo recita, nel nostro mestiere, la parte del protagonista.

Gli piace, ma non è orgoglioso. Lo incoraggia il sorriso della gente, ma non credo abbia ricevuto molti riconoscimenti ufficiali. Avrebbe potuto essere dieci volte onorevole e magari anche ministro (disastro scampato), ma, nonostante la scrittura chiara, la battuta imprevedibile e gli umori balzani, è anche timido. E poco socievole. Longanesi diceva di lui: «Montanelli è uno che sta in mezzo agli altri per sentirsi più solo».

Nato nella terra delle beffe, discendente di quei toscanacci, come il Boccaccio o come il Cellini, che diventavano matti per poter raccontare qualche tiro burlone, e ancora di più per inventarlo, è nella realtà una persona gentile, spesso alle prese con un temperamento malinconico.

Credo che nella sua esistenza ci sia stata una sola passione esclusiva: il giornalismo. Per il resto, Indro non cede a quelle diffuse tentazioni che sono l'invidia, l'avidità, l'intrigo o la furbizia. Quando sbaglia, è sempre per eccesso. Mai, però, in malafede. E poi è capace di chiedere scusa. Non è da tutti.

Ha vissuto quattro o cinque guerre: Etiopia, Spagna, Finlandia, Norvegia, e poi tutto il resto, e non so quante rivoluzioni. Ogni fatto lascia un segno dentro di lui. Torna da Addis Abeba, vede le rappresaglie di Graziani, esasperato da un attentato, e ha il primo disincanto dal fascismo. Ora ricorda Ailé Selassié, il Negus, come un uomo pieno di dignità.

Torna da Budapest, e tra le barricate sono caduti anche

molti suoi pregiudizi: con splendide corrispondenze, delude quelli che si aspettavano di vederlo in ginocchio davanti al cardinale Mindszenty o a braccetto col principe Esterházy, e spiega il dramma e le ragioni dei rivoltosi.

Difficile classificarlo politicamente: chi dice un liberal o un conservatore, per rifilargli un'etichetta; corre da solo, e se ha qualche simpatia è per gli anarchici. A condizione, però, che non disturbino.

Ogni tanto cambia opinione: non per calcolo ma per slancio. Una volta sosteneva che era meglio trattare con i comunisti, più tardi Craxi lo ha convertito. Per poco. Non è uno che si aggrega: non volta la gabbana, che è sempre la stessa, cambia itinerario. Perché gli pare più giusto. Lo hanno accusato di tutto, ma gli ho sempre sentito dire: «Basta che non dicano che siamo ladri». Fa poca fatica a non tenere conto dei soldi, perché ha scarsi bisogni.

Non gli piace mangiare, fuma qualche sigaretta (di preferenza quelle degli altri), è tifoso della Fiorentina, ma non va più allo stadio, ed è sempre stato un saltuario frequentatore di cinema e di teatri. Va a letto presto perché soffre di insonnia. Il vero spasso, per lui, è il lavoro: e non tocca proprio a me criticarlo. Forse lo offendo: non è per nulla distaccato, scettico, duro, rancoroso, la parola è acre, il sentimento mai. È buono. Lo so protagonista di infinite riconciliazioni. E se l'inimicizia resiste, si addolora. È perfino tollerante. L'offesa più cattiva che gli ho sentita pronunciare: «Gli è un bischeraccio». C'è nel giudizio un fondo di cordialità.

Quando ha fondato il *Giornale*, il suo, dicevano gli amabili competenti che era «la fine di un'epoca» quella delle «primedonne», una specie in via di estinzione, e Montanelli rappresentava «il canto del cigno di un certo tipo di cronista».

Non è andata così, e basta chiedere ragguagli in libreria per misurare il seguito, e oggi sono molti quelli che riconoscono che Montanelli ha dato voce a una parte rispettabile dell'opinione pubblica, ha rotto un conformismo sciocco e ha interpretato un orientamento del pubblico: che spesso anticipa. Si riconosce questa qualità di rabdomante: «L'istinto» dice «mi porta a indovinare l'opinione della massa e ne divento il microfono». Maurizio Ferrara, il babbo, in un articolo sull'*Unità* lo definì «un ovvio di genio». Montanelli non si offese: «Chi si rifà al senso comune appare spesso banale, ma in qualche momento un discorso equilibrato diventa quasi coraggioso. Basterebbe parlar male del questore. Ma lo fanno tutti, anche perché lui non può rispondere».

Moro Aldo
(1916-1978)

Non lo vedo con quegli abiti scuri e severi, da intellettuale del Sud, che portava sempre, concedendo qualche indulgenza al colore delle cravatte, ma come appariva nelle fotografie scattate dai suoi carcerieri: la testa un po' inclinata, la camicia dal collo aperto sulla canottiera. Indifeso, perduto.

Una volta andai a trovarlo nel suo ufficio in via Savoia, a Roma. Parlammo a lungo, non presi appunti. Era un momento difficile: sembrava che la sua storia pubblica fosse conclusa. Ricordo di quel colloquio una frase: «Ho sempre cercato di evitare il peggio».

Sul professor Aldo Moro si sa poco; scarseggia l'aneddotica. Credo che nessuno dei compagni di partito sia entrato in casa sua, non c'era una trattoria che lo riconoscesse come cliente, della moglie, negli archivi, si trovava una sola fotografia, mentre si recava a un pranzo d'obbligo al Quirinale. Diceva la signora Eleonora: «Mio marito fuori dai suoi doveri politici va considerato vedovo e senza prole». Era segretario della Dc e io dirigevo l'unico telegiornale della Rai: mai una telefonata, una raccomandazione.

Aveva fiducia negli italiani e nella forza della democrazia, anche se confessava: «Io sono un pessimista per natura».

Gli intimi assicuravano che possedeva anche un forte senso dell'umorismo e si spingeva anche a fare l'imitazione dei personaggi che frequentava con assiduità. I suoi hobbies erano limitati: i libri gialli, la musica classica, i fiori, i film d'avventura e quelli di Totò.

Una vita che non pareva segnata dalla tragedia: figlio di una maestra e di un direttore didattico, educazione religiosa, laurea a ventun anni, a ventiquattro già una cattedra all'università per insegnare filosofia del diritto.

I vecchi popolari baresi non lo volevano, pareva deciso ad andare con i socialisti. Era venuto fuori piano piano: non alzava mai la voce, non sopportava i gesti clamorosi. Quando in Parlamento qualcuno si abbandonava alle escandescenze, non andava oltre un invito: «Non sia maleducato».

Non parlava inglese, ma leggeva in tedesco anche i classici. Si definiva «un uomo prudente», ma guardava con interesse ai comunisti, sia pure con una cautela che qualcuno considerava eccessiva. «Occorre il tempo che occorre» si giustificava.

Lo avevano paragonato, per l'abilità manovriera, a Giolitti. Aveva inventato le parole «confronto», «attenzione», «convergente»: forse hanno contribuito alla condanna a morte.

Ha cercato, fino all'ultimo, di tessere, di trattare con i suoi carcerieri: inutilmente. Mi è rimasta impressa una frase, anche se non ricordo chi l'ha detta: «Il sangue si secca presto entrando nella storia». È così: ma da quel giorno, dal suo rapimento, la vita degli italiani non è stata più la stessa.

Morti

Non commemoro i Defunti, come si legge nei calendari, una volta all'anno; e non sono neppure un assiduo dei cimiteri: un tizio sostenne che, a forza di andarci, si finisce per rimanerci.

Non ho neppure questo paradossale timore: ma credo che un ricordo, o un pensiero, contino quanto un crisantemo. Capisco il gesto gentile, il fiore o il lumino, espressione di una tenerezza o di un rimpianto che resistono al tempo, e anche rispetto il colloquio consolatorio che si svolge davanti a una lapide: ma mi ha sempre commosso la scelta di Pirandello, che volle essere sepolto un mattino, all'alba, nudo e avvolto in un lenzuolo, e portato alla fossa senza alcun seguito, sul carro dei poveri, trainato da un vecchio cavallo e guidato da un rassegnato becchino; o Jean Gabin, che volle disperse in mare le sue ceneri.

Nella città, la folla, un interminabile corteo, adempie a una cerimonia; nel mio villaggio, la gente taglia il fieno marcito sulle tombe. Mio nonno diede un pezzetto di terra perché fosse tracciato il camposanto e lì ritrovo la mia famiglia e i miei amici: è come andare a veglia, dice mio cugino Benito, ci conosciamo tutti.

È anche il nostro *Spoon River*, nella valle si incontrano due torrenti, il Silla e il Bagnatori, e scendono verso il Reno; e ogni croce e ogni nome rievocano una breve storia. Ci sono, anche lassù, quei terribili ovali di porcellana, facce con ebeti sorrisi che, di fronte a quel finale, proprio non si giustificano; i paesani li indicano e pacatamente rievocano trascorsi festosi, sbornie e amori avventurosi, o tragedie cristianamente accettate.

Non c'è più peccato e non c'è più dramma: nell'*Amleto*, il dialogo con il teschio di Yorik, il buffone, fa scordare che quel cranio, che offre lo spunto a filosofiche dissertazioni, era un uomo; gli scheletri dei monaci in certe cripte non suggeriscono l'idea della precarietà di ogni creatura, o dell'espiazione, ma del turismo di massa.

Il 2 novembre ero lontano da casa; mi sono venuti in mente lo sferragliare dei tram gialli di Budapest, con le coroncine sui respingenti, dopo l'insurrezione; i sassi che qualcuno, a Praga, va a deporre, con rito biblico, vicino al marmo che segna l'ultima tappa del tormentato e breve viaggio del dottor Franz Kafka; la macchina da cucire di mia madre; mio padre, nella fotografia che tengo davanti a me, ritratto nel gruppo dei facchini dello zuccherificio, omaccioni dall'aria fiera e dignitosa, anno 1942, credo; se ne andò il 28 ottobre, in una corsia comune, dandomi l'ultima raccomandazione: «Prendi il mio orologio, se no dopo qualcuno se lo frega». Era un Roskoff, marca garantita anche dai ferrovieri. È andato perduto in un bombardamento.

Napoli

Piazza del Mercato non è la più bella o la più famosa, ma è quella che ricorda meglio il passato: per secoli fu al centro della vita popolare, c'erano tante osterie e tante botteghe che vendevano cibarie, fu teatro di amori e di duelli, e tra i suoi vecchi palazzi e il mercato Masaniello chiamò a raccolta i suoi «lazzari» e scatenò la rivolta. Il pescatore rivendicava i diritti della povera gente, ma era un furfante, generoso e furbo, colpevole di parecchi delitti e circondato da una specie di Armata Brancaleone, spioni e sbirri, briganti e donne di prosperosa bellezza e di disinvolte abitudini.

È qui che viene decapitata «la bionda testa» di Corradino di Svevia, vittima innocente di Carlo d'Angiò; è qui che cadono i patrioti rivoluzionari del 1799; e sugli antichi edifici si scatenò, durante l'ultima guerra, la furia delle «fortezze volanti». «In nessuna città come a Napoli» scrive Raffaele La Capria «c'è un culto così ossessivo del proprio passato.»

Napoli è una città di cose splendide e di contraddizioni: si parla tanto di disoccupati, e la galleria Umberto I è affollata dalle ragazze di colore, migliaia, che fanno le cameriere nelle case dei benestanti. Si dice che c'è chi vuole il posto, e non il lavoro: ma a San Giuseppe Vesuviano, dove tutti si danno da fare, c'è una media di 3 automobili per famiglia. Lo scugnizzo viaggia con la moto giapponese pagata a rate. Il videoregistratore è arrivato anche nei «bassi», gli alloggi più umili. La città ha di certo grandi problemi: la casa, ad esempio, e i 100.000 disoccupati, molti dei quali falsi, e ha da battersi contro una criminalità organizzata e violenta. Ma è anche ricca di enormi energie: i napoletani rendono, con i fatti, arbitrario il cliché della loro indolenza. Nelle statistiche risultano al primo posto nella media nazionale dei risparmiatori.

Napoli ha una popolazione omogenea: 90 abitanti su cento sono nati all'ombra dei pini e del Vesuvio. Conoscono abitudini e usi tradizionali. Hanno una rigida scala di valori: la famiglia, al primo posto, i figli, l'onore. Una parte della popolazione è assistita, e sembra quella dotata di meno risorse: in realtà sta peggio chi deve arrangiarsi disponendo di un reddito fisso, o di nessuna entrata.

Natale

C'è sempre un giornalista che si rivolge ai personaggi illustri perché rievochino un Natale indimenticabile.

Così, sui perduti fervori dell'infanzia, si innesta un accorato rimpianto di nonne longeve e di tortellini in brodo, di capitone allo spiedo e di partite a tombola. L'Evento, nei ricordi, è un po' sagra gastronomica e un po' tempo dello spirito: profuma di vaniglia e di cera.

Non ci sono più le nevi di una volta, né quelle vigilie, né quelle cene, e i racconti hanno la patina delle oleografie dai colori spenti; anche la mistica rappresentazione sembra poco attuale: uno guarda il bue e pensa che la sua mitezza non rappresenta più la rassegnazione, ma è una conseguenza degli estrogeni.

Il pecoraio che va curvo verso la capanna fa venire in mente quei pastori del Nuorese che, invece di mettersi sulle spalle un agnello, hanno preso l'abitudine di caricarsi un possidente.

E che ci sta a fare su un cielo di carta azzurrina quella cometa dorata, quando la British Airways, con 30 sterline, meno di un biglietto in tribuna a San Siro, ti porta a 11.000 metri per vedere al meglio il passaggio di quella di Halley?

E anche se i Re Magi si incamminassero dall'Oriente per deporre i loro regali, possono offrire, tutt'al più, oltre a qualche partita di petrolio deprezzata, qualche profugo e un campionario di sottosviluppati.

Non stupisce leggere nei Vangeli che, a dodici anni, il Bambino di Betlemme andò nel Tempio e si mise a discutere con i Dottori. C'è stata la contestazione d'annata: il '68, il

'76, si polemizza in vari modi: con i cortei, con i discorsi, con le molotov o con le uova marce.

Sempre intonati, invece, anche con gli usi di oggi, l'asino, che è presente in ogni circostanza, la mangiatoia, che, a guardarci bene, è sullo sfondo di parecchie scene, e all'origine di tanti fatti. «Dal frutto si conosce l'albero» ammonisce il Vangelo secondo Matteo: e chissà che cosa penderà dagli abeti che in ogni casa rappresentano la testimonianza di affettuosi e tenaci pensieri.

Circolano molti soldi, almeno in certe tasche, ed è in grande ripresa la moda dei regali; come dice la canzone napoletana: «Tu dai 'na cosa a me, io do 'na cosa a te», che è una simpatica maniera per celebrare la nascita del Divin fanciullo e per sistemare la tredicesima mensilità. Trionfa lo scambio di doni e dà inizio a faticose contabilità: l'amica che nel 1992 se la cavò con un calendarietto adorno di bacche portafortuna non deve illudersi di ricevere quest'anno il beauty-case.

Occulto

L'occulto funziona: bilancio 1500 miliardi di affari, 150.000 «operatori». Esiste anche un *Ricettario delle streghe*, opera del professor Enrico Malizia, che contempla decotti, infusi, elisir o filtri d'amore a base di code di rospo, ali di pipistrelli, sangue umano, piante dagli effetti allucinogeni.

Un consulto da santoni, cartomanti, guaritori ha prezzi variabili: anche 200.000 lire. Esistono aziende che chiedono il «piano astrale» degli aspiranti dipendenti. Sembra che il 62 per cento dei cittadini conosca il proprio segno zodiacale e ha fede negli astri: Augusto, Carlo V e Lorenzo il Magnifico erano del Capricorno; Napoleone e Mussolini del Leone.

La rivista dei Padri Dehoniani di Bologna denuncia la diffusione di una pratica demoniaca: le messe nere, parodia sacrilega di quelle che si celebrano in chiesa.

Una donna nuda sull'altare che offre il suo corpo all'assemblea, l'aspersorio che diventa un simbolo fallico, crocefissi capovolti, la recita all'incontrario del Padre nostro.

C'è ancora chi crede alle streghe, che volano su una scopa, e non sa che finivano sui roghi.

Omo

Anche se per molti codici penali l'omosessualità è considerata un reato o, secondo un diffusissima valutazione morale, una malattia, le tragiche vicende di personaggi assai noti non suscitano né meraviglia né scandalo: incrementano, forse, la paura.

Si ritorna, per cercare spiegazioni, all'antico, al mondo greco e romano, a Petronio Arbitro che narra di Gitone e degli altri fanciullotti biondi e ricciuti inseguiti per rapidi amplessi, o per durevoli ardori, e si citano il genio di Cesare e la saggezza di Adriano, come motivi di tolleranza; e poi Michelangelo e Leonardo, per spiegare che talento e tendenze inconsuete sono conciliabili; e poi l'America prima di Colombo, dove l'amore era assai libero, nessuno era condannato a stare per sempre con lo stesso uomo o con la stessa donna, la verginità non aveva importanza, nei Caraibi la pederastia era considerata addirittura normale, e rispettata, e anche l'incesto accettato; nelle comunità Maya del Guatemala chiamano ancora «gioco» l'atto amoroso.

Anche nella Chiesa ci sono contrasti: il cardinale Ratzinger condanna l'omosessualità, mentre una religiosa americana, suor Jeanine Gramick, lo contraddice e sostiene «che la relazione sessuale tra due donne lesbiche e due uomini gay, uniti in un vincolo impegnato e di fedeltà, è moralmente buona».

Il teologo Sergio Quinzio dice che nei primi tempi oscuri non ci sono tracce di riprovazione per il «vizietto», anzi: Gesù, indignando i benpensanti ipocriti, annunciò: «Le prostitute vi precedono». Che corteo.

Modi di dire: pederasta, invertito, diverso (tipico dei cronisti), finocchio, recchione, busone, culattone, checca (gergo familiare), bucaiolo (vernacolo fiorentino), gay (dall'inglese, più diffuso e più elegante).

Un professore dell'Università di Bologna, sorpreso in un cinema in atteggiamento inequivocabile con un ragazzo, disse al commissario di Ps che lo interrogava per giustificarsi: «Lei ha mai provato?».

Una signora ascoltava il racconto di un giovane che, all'improvviso, era andato a convivere con un amico: «Che vergogna,» commentò «un laureato!».

Oro

A osservare le storie, a leggere i titoli dei giornali, pare che in Italia ci sia più oro che negli Stati Uniti, nel mitico Fort Knox, o nelle miniere del Transvaal: il prezioso metallo si fa notare ovunque.

Ci sono le lenzuola d'oro (Ferrovie dello Stato), le mense d'oro (refezione scolastica del comune di Roma), le merendine d'oro (Milano: pasti dei bambini dell'asilo), i cespugli d'oro (Autostrada Serenissima), le carceri, gli aeroporti e perfino i sacchetti di plastica per raccogliere la spazzatura che la Nettezza urbana della città della Madonnina pagava 126 lire invece di 85.

Scrive Carlo Dossi nelle *Note azzurre*: «Dicesi età dell'oro quella in cui oro non c'era».

Padre Pio
(Francesco Forgione, 1887-1968)

Giovanni Paolo II ha deciso: comincerà il processo di beatificazione. Padre Pio di Pietrelcina ritorna ai flebili onori della cronaca, avviandosi però alla gloria degli altari.

Ho sentito parlare di lui che ero ancora un ragazzo: credo che i primi libri sul cappuccino di San Giovanni Rotondo li abbia scritti il padre di un mio compagno di scuola, Alberto Del Fante. Commerciava in olio, era stato ateo, massone e libertino, ma dopo una visita al frate, mosso solo dalla curiosità, si convertì di colpo e trascurò gli affari per dedicarsi alla causa di quel sacerdote quasi sconosciuto che in un villaggio del Sud compiva portenti.

Ho assistito anch'io, in anni ormai lontani, alla messa che il padre celebrava all'alba. Durava due ore. Le corriere scaricavano sul piazzale, davanti a Santa Maria delle Grazie, lunghe file di pellegrini assonnati. Molti avevano fatto un lungo viaggio. Donnette vestite di nero recitavano il rosario. C'erano anche visitatori illustri: come Macario o Carlo Campanini, particolarmente devoti.

Si avviava all'altare con fatica; due novizi lo sorreggevano, si sentivano strisciare i sandali sul pavimento, il volto, illuminato dalle candele, era segnato dal dolore. Nel 1915, mentre pregava sotto un olmo, sentì che gli bruciavano le mani; tre anni dopo, una mattina di settembre, comparvero le stigmate.

I medici non sapevano spiegare il perché di quelle piaghe, il monaco appariva perfettamente sano di mente. I fedeli seguivano la lunga funzione con abbandono; qualcuno sosteneva che la presenza del celebrante era sublimata anche da un sottile odore di viole, ma, forse perché peccatore, io non sentivo che il profumo greve della cera che si consuma e dell'incenso, l'aria densa degli umori di quella folla accaldata. Quando all'Elevazione sollevava il calice verso il crocefisso, si vedevano le mani coperte dai mezzi guanti di lana.

Di lui raccontavano molti prodigi: dicevano che, come sant'Antonio, che fu contemplato nello stesso istante a Padova e a Lisbona, aveva il dono della bilocazione; quasi tutti i credenti lo vedevano comparire nei loro sogni e dava notizie e impartiva ammonimenti.

Ricordavano che, quando era giovane, gli era apparso il diavolo travestito da cane nero e gli si era avventato contro, ma lo aveva ricacciato raccomandandosi al Signore.

Padre Pio era figlio di povera gente, si chiamava Francesco Forgione, nato in un villaggio della provincia di Benevento, ma rivelava, con quegli occhi che avevano ancora bagliori, la barba candida, il volto pallido e stanco, una certa nobiltà. Tutta la sua vita se ne era andata in una cella di convento, solo qualche breve passeggiata nell'orto e senza che dimostrasse doti speciali: non era, ad esempio, un gran parlatore.

Per avvicinarlo, bisognava inginocchiarsi al suo confessionale: e una volta i suoi confratelli piazzarono anche un microfono per sentire che cosa spiegava ai penitenti.

Bisognava sottostare a una rigida organizzazione: seguire un modulo con le istruzioni, che aiutava anche a fare un bilancio delle colpe, attendere il proprio turno, limitarsi ai problemi dello spirito, non tollerava anche brevi divagazioni sui problemi concreti.

Perché quasi tutti i visitatori avevano da chiedere l'intercessione del padre presso Dio per bisogni urgenti, per cause disperate: malattie terribili, guai familiari, infelicità senza conforto.

Padre Pio aveva con sé, specialmente all'ombra dell'abside, qualcosa di misterioso. Le sue maniere erano brusche, si spazientiva perché, affermavano, leggeva nel pensiero: svelava anche mancanze nascoste o dimenticate, sgridava gli ipocriti, liquidava gli insistenti. I guai più grossi, e i maggiori dispiaceri, li ha avuti dalla Chiesa: ispezioni, angherie, divieti, e padre Agostino Gemelli disse che quelle ferite al palmo e al costato non avevano nulla a che vedere con Gesù, san Francesco o santa Teresa d'Ávila, ma piuttosto con una forma esasperata di isterismo mistico.

Non protestò mai, non concesse interviste, non fece polemiche; affermava: «È il caso che fa l'eroe, ma è il valore di tutti i giorni che fa il giusto».

I «figli» arrivavano da ogni luogo e scrivevano migliaia di lettere – e cinque fraticelli erano impegnati a rispondere in tutte le lingue – e mandavano anche tante offerte, con le quali fece costruire un ospedale con 850 letti.

Discendente di contadini, non colto, parlava come i primi apostoli, con ruvida immediatezza, non ostentava la sua virtù: «Guaglio',» diceva ironico «i santi stanno solo in paradiso».

Ma attorno a lui è fiorita una vera industria, più di venti alberghi, tanti ristoranti, una serie di botteghe per smerciare ricordini. Di lui si occupò anche, a varie riprese, il Sant'Uffizio, che adesso provvederà a riparare agli antichi torti. Lo avevano isolato dal popolo, nessuno doveva avvicinarlo. Ma continuò a vivere come sempre: tre o quattro ore di sonno, solo verdura, formaggio, frutta e un bicchiere di vino, orazioni e penitenze. Senza lamenti. E i cancri continuavano, e continuano, talvolta a guarire, e qualcuno, dopo avere baciato la sua reliquia, ritrova la pace. C'è un inesauribile bisogno di grazie.

Patria

Al *Resto del Carlino*, negli anni del fascismo, ci fu un alternarsi di giornalisti nella redazione che curava le notizie dall'interno. Taulerio Zulberti, buon conoscitore delle vicende tedesche, era stato promosso corrispondente da Berlino; al suo posto andava un giovane appena arrivato dalla provincia veneta, Ferdinando Palmieri, che poi si rivelò anche eccellente critico di teatro e di cinema.

Al momento delle consegne, Palmieri chiese istruzioni; voleva sapere come doveva regolarsi: «Tutto maiuscolo, per la Madonna» fu la risposta.

Maiuscolo Patria, Signor Maestro, Signor Dottore, Eccellenza il Prefetto, il Vescovo, il Presidente del Tribunale: spanciate di ossequio.

Con il ritorno della democrazia, marcia indietro: anche Dio, per mettere qualche limite al principio di autorità, doveva accontentarsi di un insignificante *d.*

Per la mia generazione Patria voleva dire il Risorgimento, il virtuoso Mazzini, che predicava i diritti e i doveri, e il cattivo maresciallo Radetzky, che poi era una brava persona, l'Italia, uno stivale che ricordava la calza della Befana, e «lo stellone», che proteggeva i sudditi e la corona.

Voleva anche dire qualcosa di sgradevole: sfilate, divise e magari la guerra, per difendere «i sacri confini». Che segnavano un territorio con dentro chiese, case, monumenti, campi e boschi, villaggi e città, e tanta gente che parlava, più o meno, la stessa lingua e aveva un comune passato.

C'erano, naturalmente, i «padri della patria»: il conte di Cavour, che quando andava a spasso per le strade di Torino, veniva segnato a dito come «Milord Camillo, l'anglomane», o Giuseppe Garibaldi, personaggio insolito, anche perché aveva avuto il coraggio di dire: «Obbedisco», e l'altro Giuseppe celebre, il malinconico Mazzini: quando rimpatriò per andare a morire a Pisa, passando da Roma, rifiutò di uscire dalla stazione «per non vedere» disse «la città dei miei sogni».

Patria. Sei italiani su dieci sono pronti a rischiare la vita per difenderla; spiega Montanelli: «È come una mantenuta costosa e scostumata, ma riesce a farci sentire uomini». *Vaterland*, dicono i tedeschi: e significa, per tutti, terra dei padri. Ma adesso c'è chi si sente figlio di N.N. Un leghista ha detto che il tricolore è «uno straccetto senza dignità storica, massonico e piduista». Ci sono dei precedenti; il poeta Apollinaire declamava: «Merde sur le drapeau».

Noi, però, in qualche momento ci commoviamo quando lo vediamo sventolare in cima al pennone, mentre suona l'Inno di Mameli: alle Olimpiadi, o prima dell'inizio di una partita degli «azzurri», o quando sfrecciano le Ferrari. La Patria, dicevano una volta, si serve perfino facendo la guardia a un bidone di benzina, ma anche montando le sospensioni o le gomme giuste.

Forse non abbiamo «il senso della Nazione» ma quello del campanile: c'è chi si sente più vicino a Francoforte che a Palermo, chi vorrebbe dividere la Repubblica almeno in tre parti. Ma qualcuno ammonisce: «Restiamo uniti o saremo sconfitti». Non dal nemico: da noi stessi.

Pertini Sandro
(1896-1990)

Con due sillabe, in fondo, Manzoni commemorò Napoleone: «Ei fu». I versi che seguono sanno di canzonetta. Quante parole sono state usate, e sprecate, per Sandro Pertini: e quanta retorica. E il vecchio presidente, sorprendendo tutti, ha voluto congedarsi dalla vita con estremo pudore, in punta di piedi. Lui che cercava la folla, il calore della gente, sentirsi amato: niente cerimonie. Solo sua moglie e un piccolo cimitero dai cancelli chiusi.

«È facile, quando uno è morto, dirne bene o male» commentò leggendo i necrologi di Togliatti. Poi spiegò: «Era freddo, qualcuno dice anche cinico, ma ha portato il Pci, minoranza nel 1921 e terzo alle elezioni del 1946, al secondo posto, dopo la Dc: un grande leader».

Passionale, duro nelle polemiche, inflessibile nei princìpi, Pertini non sopportava le menzogne e i compromessi: aveva urlato: «Viva il socialismo!» davanti al Tribunale speciale e si era sentito offeso quando qualcuno lo aveva inteso come un gesto romantico; «Se vuoi demolire un politico,» spiegava «non dire che è ladro o disonesto, ma che è un sentimentale». E aggiungeva: «Bisogna dire a tutti che chi è canaglia nella vita pubblica lo è anche in quella privata». Una volta tentarono di corromperlo: dieci milioni (di quelli di allora) per la «presentazione» di un affarista. Lo sentirono gridare come un matto.

I quattrini lo ossessionavano. Se andava a Genova non in veste ufficiale, pretendeva di pagare il biglietto dell'aereo con il suo denaro. Non era una ostentazione di virtù, ma un costume, che poi diventava una morale. Nei giorni bui del terrorismo disse a Carla: «Qualunque cosa accada, non cedere in nulla».

Non si adeguava alle esigenze delle piccole strategie; raccontava di quando era a Turi con Gramsci; mangiarono insieme per Pasqua e Gramsci tentò anche di convertirlo, di farlo diventare comunista, ma «Sandro» insisteva: «Non c'è giustizia se non c'è libertà». Gramsci non accennò mai a Togliatti, ma soltanto a Terracini e a Camilla Ravera. Forse anche per quelle memorie Pertini, arrivato al Quirinale, nominò senatore a vita la vecchia antifascista.

Come tutti quelli che hanno carattere, lo aveva brutto: «Sono impetuoso» riconosceva «e ho fatto qualche sbaglio di valutazione. Durante i congressi ho attaccato con violenza qualcuno che non la pensava come me».

Suscettibile, permaloso, ma anche capace di una straordinaria generosità: fu l'ultimo, dopo il 25 luglio, a lasciare il confino perché voleva essere sicuro che tutti i detenuti fossero liberati.

Sapeva affrontare con freddezza anche le situazioni più drammatiche: era a Regina Coeli, i tedeschi intendevano fucilarlo, ma nulla tradì le sue emozioni. Aveva due lauree: in legge e in scienze politiche, e quando riparò in Francia fece il muratore, l'imbianchino, lavava i taxi. Se la paga era insufficiente, se non trovava lavoro, si consolava: «Adesso sai come vivono tanti tuoi compagni».

Era abituato ad assumere le sue responsabilità. Finì sempre da solo sul banco degli imputati. Faceva in modo che i suoi complici non venissero portati in giudizio. Chiedevano: «Chi ha messo i timbri?», «Chi ha passato questo passaporto falso?». La risposta era sempre la stessa: «Io».

Anche all'ergastolo, a Santo Stefano, non si sentì sgomento o umiliato, ma pensò con orgoglio: «Qui c'è stato Settembrini».

Lo hanno accusato di presidenzialismo strisciante: per l'irruenza, perché infrangeva le regole del protocollo, perché seguiva il suo istinto e i suoi slanci, e forse anche perché, come si giustificava, «dò un po' fastidio a qualcuno; talvolta sarebbe bene che non dicessi certe cose. Io non sopporto i prepotenti, i superbi, non tollero la presunzione e l'invidia».

Poteva sembrare, in certi momenti, anche contraddittorio o un po' demagogo: non era interventista, ma quando andò al fronte si prese una medaglia d'argento.

Esortava i giornalisti: «Criticatemi, criticatemi», ma poi so che certi apprezzamenti, o certe riserve, lo irritavano.

Il bene che gli hanno voluto gli aveva permesso di prendere atteggiamenti che a nessun altro saranno mai concessi. La sua onestà, il suo passato e anche il suo temperamento lo hanno sempre protetto da quell'insofferenza per i miti che fa parte delle abitudini nazionali.

Petacci Myriam
(1923-1991)

Da attrice non aveva fatto molta strada: la conoscevano soprattutto come «la sorella di Claretta». Non è stata fortunata
nella vita – qualche amore sbagliato, credo, e poi la grande
tragedia – e neppure nella professione: per nome d'arte le
avevano suggerito Myriam di San Servolo, e San Servolo è il
manicomio di Venezia. La ribattezzarono subito Eleonora
Duce.

La cronaca è tornata a occuparsi di Myriam Petacci soltanto per descriverne la solitaria agonia: non comunicava
più col mondo. Chiusa nelle memorie e nell'orgoglio si lasciava morire.

L'ho incontrata parecchie volte, quando era soltanto
una bella donna, in declino, che viveva a Roma, in una
casa borghese, dalle parti dell'Eur. Il salotto apparteneva a
Clara e c'era un quadro che sembrava quasi un presagio:
una villa, un muro, un cancello, proprio come a Giulino di
Mezzegra. Clara, mi raccontò la signora, aveva avuto il
senso del destino che stava per compiersi. Una notte si sve-
gliò di soprassalto e le disse: «Lo stavano uccidendo, però
io mi mettevo davanti. Lo difendevo e colpivano prima me,
poi cadde lui».

Myriam Petacci voleva in qualche modo riabilitare la memoria e la vita di Claretta (che glielo chiedeva nell'ultima lettera, perché tutti sapessero come era stato disinteressato il
suo amore), ma non è mai riuscita ad avere i diari e la corrispondenza, che sono conservati, e non consultabili, nell'ar-
chivio di Stato.

Claretta è innamorata e onesta, e neppure stupida:
quando sente che il ciclone che li sconvolgerà sta arrivando,

avverte il suo uomo: «Gliel'ho detto che è circondato da traditori. Ma non c'è niente da fare: è un fesso».

In casa Petacci Benito Mussolini lo chiamano «Papù». «Ben» soffre di ulcera e, quando va a trovarli, la cuoca del professor Francesco, archiatra pontificio, gli prepara degli spuntini leggeri: prosciutto cotto, pomodori ripieni al forno, verdura e frutta. Per gli incontri, c'è una porta di servizio, a via degli Astalli, e un appartamento a Palazzo Venezia trasformato in *garçonnière*, dove restano, a documentare le imprese erotiche del capo, forcine, nastri e giarrettiere.

Ci sono, tra i due amanti, trent'anni di differenza, ma lei non ci fa caso e aspetta la telefonata di ogni sera, poco prima della mezzanotte, e le visite improvvise. La gente sa della relazione e alla «favorita» arrivano centinaia di richieste di aiuti e di suppliche; Mussolini le ha fatto assegnare dal ministero dell'Interno un certa cifra da destinare alle opere di bene, ma esige una rigorosa amministrazione. Troveranno oltre 7000 ricevute.

Galeazzo Ciano, nei *Diari*, afferma che la famiglia di Claretta «interviene a destra, protegge a sinistra, minaccia in alto, intriga in basso, e mangia in tutti e quattro i punti cardinali».

Dicono che Osio, il creatore della Banca del Lavoro, ha perso il posto per contrasti con Marcello, il fratello medico che si è buttato negli affari, e che l'ammiraglio Riccardi doveva la carriera ai premurosi interventi del clan. «La ragazza non è cattiva,» dice Sebastiani, il segretario del capo del governo «ma i parenti sono una banda di sfruttatori.»

Benito non si sente colpevole di quella passione: «Anche Garibaldi, Mazzini, Cavour, Napoleone hanno avuto delle storie. Cosa si pretende da me? Nella mia vita ho rinunciato abbastanza».

Ha molta cura della sua persona: equitazione, scherma, nuoto, sci. Racconta Rachele, che chiama Claretta «la mantenuta»: «Faceva ogni giorno la doccia, e al ritorno dalle cavalcate nel parco si frizionava a lungo con acqua di colonia».

Myriam voleva fare del cinema: la accontentano. Credo che abbia recitato, tra Italia e Spagna, in una quindicina di pellicole. Non riuscirono a creare una diva. Esordì con *Le vie del cuore*, e pareva un titolo allusivo. Vorrebbe per partner Fosco Giachetti, ma il burbero attore risponde: «Prima di fare un film con me deve imparare a recitare». Non è proprio granché, però la critica la tratta benissimo.

Fucilata Claretta, fucilato Marcello, la Camilluccia era diventata un ristorante e a Myriam non erano rimasti che i tristi ricordi. Meglio cancellarli.

Pietre

A cena, Mario Monicelli mi racconta un episodio di cui fu protagonista il ragazzo Sordi, giovinetto di ardenti sentimenti patriottici e religiosi. Avendo qualche dimestichezza con Sua Eccellenza Renato Ricci, comandante dell'Opera Nazionale Balilla, dietro le furbe insistenze di un tizio, che voleva mettere in piedi un baraccone, per specularci, e con la speranza che, in quei giorni grami, qualcosa finisse anche nelle sue tasche, riuscì a combinare una udienza dal duce. Ebbe il piacere e l'onore di accompagnare il postulante, che munito di carte e di progetti si recò a Palazzo Venezia. Ad Albertone fece una grande impressione la Sala del Mappamondo e Mussolini che stava là in fondo, la testa china sulle pratiche.

Saluto fascista ed esibizione del programma. Il tizio distende planimetrie e spiega le filantropiche intenzioni della sua iniziativa. Il capo delle camicie nere ascolta silenzioso e sbigottito le chiacchiere del camerata e guarda curioso il deferente Sordi.

Il tizio conclude l'esposizione: «Vi prego, o duce, di venire a deporre la prima pietra».

Mussolini gelido: «L'ultima».

Saluti fascisti, dietro front, fuori.

Preservativo

Chi lo avrebbe detto? È tornato di moda e se ne parla tanto. Alludo, come è ovvio, al preservativo. Era un elemento fondamentale nell'educazione dei giovani destinati a iniziarsi all'amore nelle case chiuse: va', ma cerca di stare sul sicuro, anche se lo scettico Mantegazza, con una citatissima frase, considerava il profilattico «scudo per il piacere, velo contro il male».

Lo chiamavano anche «Goldoni», dal nome del benemerito ragioniere bolognese che tanto aveva fatto per il lancio del rassicurante prodotto, ed era popolare quanto il Mom, una polverina destinata a sterminare le piattole, così leggera e profumata che le pubblicità, largamente diffuse nei vespasiani, avvertivano: «Attenti che le vostre donne non la usino per incipriarsi la faccia».

L'Aids ha riportato l'anticoncezionale all'onore degli spot televisivi e dei banchi delle farmacie: ho visto un cortometraggio francese nel quale si racconta di papà e di mammà che fanno dono al vispo figlioletto di una scatola di sottilissime e resistentissime guaine, e sorridono soddisfatti e felici perché la loro creatura eviterà di procreare sconsideratamente e, soprattutto, di pescare qualche virus vagante.

Si respira dunque un'aria di altri tempi e c'è chi pensa – per motivi igienici, si intende – alla possibile istituzione degli Eros Center, come in Germania, che garantiscono più sicurezza in molti sensi. Non credo a una postuma sconfitta della signora Angelina Merlin: libertà della persona e libertà per i batteri. Ma quanto è diffuso e sentito il bisogno di «fiducia»! Le coppie che si vedono negli spot avanzano felici lungo spiagge assolate, la mano nella mano, e il «sei pezzi» (ma che ottimismo) in tasca, verso il canapè.

Il rimpianto per il pallido e lontano mondo della *Maison Tellier* resta immortalato da un epigramma di Ennio Flaiano: «Luana, dov'è Marilù? / Dove sono Fatima e Lia, / Sherazade e Bijou, / che fu l'amante mia? / L'eco le insegue lassù / verso Ferrara e Rovigo. / E Strana dove sei tu? / Vorrei scriverti un rigo».

Pudore

Il «comune senso del pudore» ha galoppato più dell'inflazione; nel 1947 veniva condannato un settimanale: reato, la pubblicazione della *Maja desnuda* di Francisco Goya.

Nel 1958 la disinibita signorina Aiché Nana, di nazionalità turca, improvvisa al Rugantino di Roma uno spogliarello: scandalo.

Nel 1972 esce *Ultimo tango a Parigi*, subito ritirato. Quattro mesi dopo finisce al rogo.

Nel 1987 la pornostar Ilona Staller, detta Cicciolina, è messa in lista elettorale da Pannella ed entra trionfalmente in Parlamento.

Dicono che la pornografia è diventata abitudine e il sesso, il cui fascino sta nel mistero, spettacolo.

Quotidiani

Qualche utile informazione per i giovani che intendono dedicarsi al giornalismo.

Mario Missiroli dirigeva il *Corriere della Sera*. Accadde un grave fatto, che coinvolgeva anche responsabilità di gente importante: «Se avessi un giornale!» commentò davanti ai redattori, ragionevolmente stupiti.

È ritenuto uno dei grandi; alcune sue massime circolano ancora: «Nulla è più inedito della carta stampata»; e poi: «La rettifica è una notizia data due volte».

Luigi Barzini senior diceva del mestiere: «Sempre meglio che lavorare»; Leo Longanesi considerava l'intervista «un articolo rubato»; Giulio De Benedetti ammoniva: «Il più grave difetto di un giornalista è essere noioso»; Giovanni Ansaldo, quando era direttore del *Mattino* di Napoli, affermava: «Conto più del prefetto», e aggiungeva: «Non mi faranno uscire di qui neppure con i carri armati».

Gaetano Afeltra, a proposito degli scandali che qualche volta toccano anche la categoria: «Abbiamo lavorato per quelli che non ci pagavano». È sottinteso: i lettori.

Raccomandazione

C'è sempre bisogno di qualcuno che interceda per noi: anche per arrivare a Gesù, di solito, si passa attraverso la sua mamma.

Quando un italiano è nei guai, o ha anche un piccolo problema, riscuotere un vaglia, mettersi in lista per un ricovero in ospedale, ottenere un posto a teatro, deve porsi sempre la stessa domanda: «Chi conosco?».

Una volta c'era l'altezzoso che nelle controversie diceva: «Lei non sa chi sono io», e la risposta che veniva spontanea era: «Un fesso».

Ma anche essere considerati nessuno è un inconveniente; funzionò solo con Ulisse, quando imbrogliò i Ciclopi. Ricordate? «Chi è che ti dà fastidio?», e Polifemo urlava: «Nessuno». Quel furbacchione di Ulisse aveva scelto lo pseudonimo giusto.

Diceva Mino Maccari: «In Italia siamo sudditi, non cittadini». E Prezzolini spiega: «Non si può ottenere nulla per le vie legali, nemmeno le cose legali. Anche queste si hanno per via illecita: favore, raccomandazione, pressione, ricatto, eccetera».

Questa necessità di appoggio può anche avere una spiegazione; è sempre Prezzolini: «In Italia nulla è stabile fuorché il provvisorio».

Radio

La mia casa, a Sasso Marconi, è di fronte a Villa Grifone: ci divide il fiume. Sotto la collinetta, in una specie di grande garage, credo progettato da Marcello Piacentini, riposa il grande compaesano. È morto più di cinquant'anni fa e ricordo il corteo che sfilava lungo via Sant'Isaia, per l'ultimo saluto di Bologna: tanta gente in camicia nera.

Credo di essere l'unico giornalista che ha parlato con il primo uomo che ha ascoltato un suono trasmesso via radio. Ero un cronista che stava imparando e andai a trovare un vecchietto che suonava le campane per dare una mano al figlio sacrestano. Chiamava Guglielmo Marconi «il signorino». «Il signorino» disse al giovane contadino: «Prendi la doppietta, vai oltre il poggio e, se nell'apparecchio senti un segnale, spara». Sparò.

Certo il vecchietto si rendeva conto che quel giorno era accaduto un fatto importante, ma non pensava di avere una piccola parte nella storia. Il padrone poi era andato via, tutti parlavano di lui, era diventato anche marchese e dalle parti di Pontecchio, frazione di Sasso, non si vide che raramente.

Quando tornò per l'ultima volta, sulle carte e sui manifesti del municipio aggiunsero un nome: quel posto che un tempo si chiamava Praduro e Sasso diventò Sasso Marconi.

Roma

Qualcuno ha detto: «Piazza di Spagna è la più capricciosa delle piazze romane». Certamente è una delle più raccontate; Gabriele d'Annunzio la scopre quando arriva a Roma per la prima volta: «Tutta al sole, come un rosaio / la gran piazza aulisce in fiore». Inventa per Andrea Sperelli, l'eroe del suo romanzo *Il piacere*, una abitazione da queste parti. A due passi, in via delle Carrozze, stava Giacomo Leopardi: ma la sua *favorita*, come scrive alla sorella Paolina, è piazza del Popolo. A destra della scalinata, 137 gradini, che portano a Trinità dei Monti, soggiornava Shelley, il grande poeta inglese, e c'è ancora la stanzetta che alloggiò John Keats, che amava passeggiare al Pincio.

Ogni palazzo, e ogni strada qui attorno, ha un riferimento con l'arte o con la letteratura: Alfieri abitò alla Locanda del Sartore, Casanova fu segretario all'ambasciata spagnola, Liszt scendeva all'Albergo Alibert e alla Trattoria della Barcaccia, in via Condotti, prendevano i pasti studiosi come Winckelmann, il grande archeologo e critico d'arte tedesco. C'era il Caffè degli Inglesi, molto frequentato dagli stranieri, e c'è sempre la sala da tè Babington, riservata, tranquilla, dove tutti parlano e nessuno grida.

La scalinata fu ideata dal cardinal Mazzarino, e costruita con soldi francesi, e la piazza prese il nome dagli spagnoli, che avevano nella zona la loro rappresentanza diplomatica presso il Vaticano.

C'è chi la considera una delle più belle piazze del mondo: di sicuro, lo scenario è magnifico. Qui sboccano alcune strade classiche: come l'aristocratica via Condotti, fiancheggiata da palazzetti e negozi eleganti, o via del Babuino. E qui arrivano fatalmente i viaggiatori stranieri: richiamati anche dai trionfi di azalee a maggio, o dall'infiorata che l'8 dicembre onora la colonna dell'Immacolata Concezione. Nell'Ottocento, sui pianerottoli della scalinata popolani e ciociare ballavano per il divertimento dei forestieri: e le belle ragazze di Anticoli Corrado, o di Olevano, che si offrivano come modelle ai pittori, cercavano di appioppare ai passanti mazzolini di violette, garofani o rose, un commercio che oggi è affidato alle bancarelle.

Adesso la piazza e gli scalini sono invasi dagli «hippies-artigiani» che esibiscono la loro merce: collanine, crocefissi, anelli, braccialetti, segni dello zodiaco fatti ingegnosamente con chiodi, filo di ferro, perline. Ma ancora oggi, come diceva D'Annunzio, «tutta la sovrana bellezza di Roma è raccolta in questo spazio». C'è ancora il Caffè Greco, ai cui tavolini sedevano Goethe, Gogol', Wagner, fino a De Chirico, che viveva in un appartamento con le finestre sulla piazza, come Corrado Alvaro, uno degli scrittori da me più amato, e ci sono ancora le botteghe degli antiquari, quelle degli arredatori, le sartorie di moda, le gallerie d'arte.

Solo di notte, però, si sente lo scroscio dell'acqua della fontana della Barcaccia, che di giorno è sopraffatta dal frastuono. Perché con il dopoguerra molte cose sono cambiate: oggi il quartiere è invaso da gente che arriva da fuori e dagli altri quartieri; un tempo, ha osservato un vecchio che vi trascorse la giovinezza, «si viveva in piazza di Spagna, oggi ci si passa». Ma forse anche in questo adeguarsi sta il richiamo di Roma, «una madre» ha detto Federico Fellini «che non ti chiede nulla e non si aspetta niente».

Santi

L'italiano sa sempre a che santo votarsi. Nessun Paese ha dato agli altari un così grande numero di virtuosi. E tutti, e l'espressione non vuole essere irriverente, con una specializzazione.

Alla vigilia di esami è opportuno rivolgersi a san Giuseppe da Copertino; chi pratica lo sport subacqueo, si affidi a san Paolo, che sapeva quanto è brutto il naufragio; sensibilissimo ai problemi degli innamorati è san Valentino; per le cause disperate c'è sempre sant'Espedito.

Possediamo 220 santuari, e il più frequentato è a Padova: per il francescano Antonio (che per la verità era nato a Lisbona), seguito nella venerazione da Francesco di Assisi, terza, contente le femministe?, una donna, Rita da Cascia, e poi, fatalmente, san Gennaro. Anche se, a dar retta ai teologi del Vaticano, non è mai esistito. Come, del resto, san Nicola e san Giorgio, che a suo tempo vennero epurati. Niente di male: Gennaro è rimasto al suo posto; nell'ottava di primavera, il suo sangue continua a liquefarsi.

Tra le vittime illustri, anche san Cristoforo, che doveva occuparsi degli automobilisti, e santa Barbara, addetta all'incolumità degli artiglieri e dei vigili del fuoco.

Mi dispiace, lo confesso, soprattutto per san Giorgio: consacrato dall'arte del Carpaccio, di Donatello e di Simone Martini, ed estromesso dalle liste ufficiali: inutili tutti quegli sforzi per accoppare il drago e liberare la figlia del re. Come non detto: cancellato.

Tranquilli i lumbard: con sant'Ambrogio non ci sono problemi, anzi. Un illustre reumatologo, il professor Ballabio, esaminando le reliquie, ha scoperto che soffriva, oltre che per i guai della sua epoca, per una spondiloartrite anchilosante.

Dunque, il più amato è Antonio; un milione di compatrioti porta il suo nome. Oltre mille chiese e cappelle sono dedicate al suo culto. Non va confuso, ovviamente, con sant'Antonio abate, quello circondato da vitelli, puledri, porcellini che domina i calendari nelle cucine di campagna.

Attenti dunque a chi si rivolge la preghiera. Indirizzi utili: malattie di stomaco, Erasmo da Formia; denti, sant'Apollonia; schiena, sant'Orso.

Nessun ritegno: l'uomo, spiegano san Tommaso e san Paolo, non è solo anima, «ma anche delle membra corporee». I frati di Assisi giocano a football, e vincono (4 a 3), contro la nazionale dei cantanti.

Pio XI era alpinista, Giovanni Paolo II pratica lo sci e il nuoto, il cardinale Biffi dice che un prelato che non gioca a bocce, non contempla la luna e non alleva canarini (lo faceva anche Pio XII, che in più suonava il violino) è più pericoloso per la cristianità di un eresiarca. Paolo VI collezionava autografi: da Tolstoj a Totò. Leone XIII portava ogni giorno pane e crusca ai caprioli. «Tutto è Grazia» dice il prete di Bernanos.

Savoia

Ho letto alcune dichiarazioni attribuite al principe Vittorio Emanuele di Savoia, erede di un improbabile trono: «La mia famiglia ha fatto l'Italia, questi l'hanno distrutta». «Questi» sarebbero certi uomini e certi partiti.

C'è del vero, i Savoia hanno innegabili meriti nella storia del nostro Paese, ma anche gravi responsabilità. Ci sono alcune date che si prestano alla discussione: 28 ottobre 1922, 10 giugno 1940, 25 luglio 1943, 8 settembre, stesso anno. Certo, il «cugino» Benito – congiunto perché collare dell'Annunziata – aveva preso troppe iniziative, ma dal Quirinale non gli era mai arrivato l'invito a soprassedere.

L'esule di Ginevra, nell'anniversario della morte di Umberto, ha modo e occasione di rievocarne l'immagine, ma probabilmente lo ha conosciuto poco. Una figura dignitosa e un po' ambigua, sovrastata dagli eventi e anche dalle regole: forse avrebbe dovuto ribellarsi all'autorità del vecchio imperatore, e qualcuno sostiene che, se fosse andato con i partigiani, avrebbe salvato la dinastia. La Repubblica ha vinto per una manciata di voti.

Vittorio Emanuele III ha regnato per quarantaquattro anni, ma senza vocazione. Confidò un giorno al generale Puntoni, l'aiutante di campo: «Solo mio nonno ne è uscito bene, Carlo Alberto dovette abdicare, mio padre fu assassinato. Non avevo nessuna intenzione di succedergli, volevo rinunciare alla corona. Ma se lo avessi fatto avrebbero sicuramente detto che ero vile».

Il 9 maggio 1946 scrisse di suo pugno, su un foglio di carta da bollo da 12 lire, l'atto di rinuncia. Poi chiamò Umberto nel suo studio e gli parlò a lungo. Forse si abbandonò anche alla confidenza: «Tu sai» gli disse congedandolo «che ho avuto un duro lavoro, ma ho mirato sempre, anche se posso avere sbagliato, al bene della Nazione. Va' a divertirti, adesso».

Umberto aveva poco più di quarant'anni, il volto segnato, quasi completamente calvo. «C'è in lui» ha scritto Domenico Bartoli, un attento biografo «qualcosa di torbido: un alternarsi di misticismo e di ambigua sensualità.»

Iniziò il suo regno ascoltando, al mattino alle 7, una messa in compagnia di Maria Josè, da cui lo dividevano profondi dissensi. Palmiro Togliatti lo trovava, durante i brevi incontri, «desolante, ma sempre molto corretto, molto cortese». Ivanoe Bonomi lo definiva «un buon giovane», Pietro Nenni «un bravo figliolo», Carlo Sforza «il primo sabaudo che parla e pensa in italiano». Alcide De Gasperi riassumeva: «È una gran brava persona».

Credo sia il pensiero di molti cittadini, e penso che pochi si opporrebbero se oggi la salma riposasse con i suoi antenati. A Vienna, nella cripta dei Cappuccini, sono sepolti, in tetri sarcofaghi di bronzo, tutti gli Absburgo. E il destino dell'Austria non fu felice.

Umberto di Savoia, re di maggio, ha vissuto la sua breve esperienza senza illusioni. Disse a Luigi Barzini jr, un fedele: «La monarchia non è mai un partito. Non può essere tollerata, semplicemente. Deve essere un simbolo caro o non è nulla». E al ministro della Real Casa, Falcone Lucifero: «Prepariamoci al commiato».

Toccò ad Alcide De Gasperi, presidente del Consiglio dei ministri, informarlo dell'esito del referendum: mostrò al sovrano una cartella piena di numeri, Umberto la scorse, ma il suo linguaggio si fece duro, e Alcide De Gasperi, molto imbarazzato, gli espresse il suo disagio per quei risultati: «Non le nascondo che il primo a esserne dolorosamente sorpreso sono proprio io».

Scoppiarono polemiche, si fecero molte ipotesi e molte chiacchiere, si parlò anche di brogli e di schede false; ma la realtà si impose: Repubblica 12.717.923 schede, Monarchia 10.719.884.

Ho incontrato una volta Umberto, diventato conte di

Sarre, in un ristorante londinese, il San Lorenzo: cenava in compagnia di Charles Forte, il ciociaro diventato lord. Credo che la solitudine, senza moglie, senza figli, guardando l'oceano dall'estrema riva del Portogallo, sia stata la sua sola compagnia. Ho conversato con Maria Josè, a Merlinge.

Mi parlò, tra le altre cose, degli ultimi giorni del marito: «Non l'ho mai sentito lamentarsi. Durante la lunga degenza non ha detto una sola parola sulla sua malattia. È stato veramente eroico e stoico».

Quella bara lasciamola rimpatriare: non è una minaccia. E anche i suoi discendenti maschi: non sono un pericolo. C'è ben altro che ci sgomenta: non il passato, il futuro.

Sciascia Leonardo
(1921-1982)

Insisto. Bisogna cercare di non morire. Non perché da queste parti sia tutto un diletto, e per il dopo le prospettive sono incerte, ma per una semplice ragione: i decessi vengono ineluttabilmente accompagnati dai necrologi. E dalle cerimonie funebri.

E nel corteo, magari, c'è qualcuno che, come diceva perfidamente Longanesi di Riccardo Bacchelli, si sente trascurato e soffre perché tutte le attenzioni sono rivolte al defunto.

Ero in giro per il mondo quando Leonardo Sciascia se ne è andato, e al ritorno lessi le cronache delle sue ultime ore e quelle delle esequie.

Mi colpì l'aspetto ufficiale del rito, quell'accorrere delle autorità, la pioggia delle testimonianze e di dichiarazioni, anche di gente che mi pareva non fosse tanto in sintonia con lo scrittore.

Mi venne in mente la sua casa di Racalmuto, gli ulivi drammatici, la trazzera piena di buchi, il vento che ribalta le erbe secche. Non ho conosciuto nessuno che amasse come lui la solitudine: non guidava l'automobile, non guardava la televisione, gli bastava la presenza silenziosa della signora Maria, i suoi libri, qualche amico.

Talvolta le sue scelte, o le sue parole, mi parevano non condividibili: per questo mi è piaciuta quella corona di fiori sulla quale stava scritto: «Malgrado tutto». Mi pareva che l'avesse inventata lui, perché gli assomigliava. Questa è la prova del bene e della stima: non si cammina sempre con lo stesso passo.

Ma Leonardo Sciascia è rimasto in ogni circostanza fedele a se stesso. Diceva: «Il siciliano è uno totalmente insicuro», e il dubbio lo ha accompagnato, si considerava «per dirla col Manzoni, un non arruolato difensore del vero»; era stato in politica con il Pci e spiegava: «Non ho niente contro i comunisti, tranne il metodo con cui governano in certi paesi e alcuni sbagli che hanno fatto in Italia: sono per loro, ma voglio conservare la mia libertà e quella degli altri». Non poteva e non voleva piacere a tutti.

Mi raccontò che alle 11 di sera andava a riposare; e l'ultimo pensiero era per la morte. Avrebbe voluto affrontarla da sveglio, «come se fosse un'esperienza narrabile», forse per giudicarsi un'ultima volta. Così è stato: ha accettato, con ironia, il male, ha cercato di vincerlo, è stato ancora testimone di fatti straordinari e imprevedibili, lui che ha passato la vita a indagare il mistero degli uomini.

Non si era risparmiato nelle polemiche e credo che qualche volta sia stato anche ferito. Ma nessuno ha mai potuto dubitare della sua integrità, della lealtà che poneva al di sopra di tutto e dell'inestinguibile desiderio di giustizia che era in lui. Osservava sconsolato: «Nessuna inchiesta progredisce da noi; scoppia lo scandalo e poi si ferma», ma continuava a battersi citando la saggezza dei suoi contadini: «Senza fede non si pianta neppure un ulivo», e aggiungeva: «E non si scrive neppure una parola».

Ritrovo una sua affermazione: «C'è ancora una parte sana, onesta, che lavora, e che in una certa misura soffre. Credo in questo, in questa categoria inascoltata, più che nella maggioranza silenziosa».

Aveva detto alle figliole che desiderava essere accompagnato al cimitero semplicemente, come aveva vissuto: non hanno potuto accontentarlo. Non so se aveva chiesto la presenza del sacerdote: «Io sono religioso,» diceva «ma non cattolico, non praticante»; anche la sua narrativa, diceva, ne era la prova, «perché il romanzo poliziesco presuppone una metafisica». Forse nelle ultime ore ha ritrovato la fede dei suoi e dell'adolescenza.

La Sicilia che non ha amato Brancati, Verga e Pirandello, ha scoperto di voler bene a Leonardo Sciascia, «uno che racconta i fatti di casa propria, e questo non è poi bello» spiegava «per i miei compaesani».

Sesso

Da alcuni sondaggi internazionali risulta che il maschietto italico è il più romantico. Gli piace ancora giocare al dottore e, quando la fantasia si scatena, pensa di sbrigare quella pratica sulla lavatrice. Non si precisa se in azione o ferma.

La sua iniziazione, finite le case chiuse, può avvenire in svariati modi: nelle antiche corti c'erano apposite dame che svezzavano i principini.

L'attore Nino Manfredi ha confessato in un libro di ricordi che ha cominciato con una capretta, e ricorda l'esperienza con simpatia: non volle essere pagata e non gli chiese se era innamorato. Si ignora il parere degli animalisti. C'è anche, su questo straordinario rapporto, un aspetto eroico: sembra che dopo il 1915 fosse praticato anche da qualche valoroso alpino sull'Adamello.

Con il progresso e l'evoluzione dei costumi (tipica quella degli indumenti da bagno: 1930 arriva il Lastex, e lancio del monopezzo, 1946, il bikini, inventore Louis Beard, e, finalmente, un tedesco impone il topless), anche il gusto, dicevo, cambia: dopo l'epoca del seno ecco il trionfo del sedere, ma è in calo la mano morta, anche perché è calato il numero degli spettatori al cinema e dei viaggiatori sugli autobus. Nel film *Vedo nudo* il citato Manfredi per toccare si fingeva cieco.

Il preservativo, pare, è il simbolo di quest'epoca non solo per il rischio delle gravidanze, ma per l'incombere dell'Aids. L'Hatu di Casalecchio di Reno (Bologna), che controlla una buona metà del mercato nazionale (500.000 pezzi al giorno), informa che lo standard europeo è 17,5 centimetri di lunghezza e 62 mm di circonferenza. L'alcova più sicura per gli incontri avventurosi è considerato il vagone letto: già la letteratura ferroviaria esaltava *La madonnina degli Sleeping-cars*, perché sembra che il treno, storicamente, sia una promessa di eccitazione erotica.

L'infedeltà è donna: secondo il Rapporto Asper, è Eva che offre la mela per evadere dalla routine; Adamo cerca una compagna già prestante e pregusta l'emozione del trasgredire. Lei preferisce gli amanti più anziani, lui punta alle ragazze.

La Lega, per andare incontro alle aspettative degli aderenti, e in sintonia con le affermazioni del senatore Bossi, ha messo in vendita il profumo DUR. Attenzione: gli esperti in queste faccende avvertono che la signora che fa un uso eccessivo di odori è spesso frigida.

C'è chi proclama che il maschio è morto. Non è vero, ma l'onestà e l'intelligenza sono più apprezzati della virilità, che è anche sconfitta dalla dolcezza. Anche se la passione amorosa ha il primo posto nella classifica dei valori. Ma l'80 per cento degli interpellati non è disposto a rinunciare, per una travolgente evasione, alla famiglia. Più libertà ma anche più conformismo, spiegano i sociologi.

E con quale frequenza si manifesta il desiderio sessuale? Due, tre volte la settimana, per la maggioranza. È considerata una buona media anche se, avverte il professor Franco Ferrarotti, «perduto l'alone di mistero e di peccato, divenuto ingrediente comune della pubblicità, esposto liberamente all'edicola sotto casa, il sesso rischia di scomparire».

Sicilia

Non è semplice essere siciliano. Se vado a una cena, a Milano, incontro probabilmente tre signori del Rotary, uno dei Lyons, due che lavorano in Borsa, tre che hanno una piccola industria, due che sono massoni, cinque che sono stati, o stanno per essere, inquisiti.

A Palermo, possono valere le stesse probabilità: ma chissà quanti hanno avuto, o hanno a che fare, con Cosa Nostra.

Pericoloso frequentare feste, matrimoni, battesimi, e attenti ai fotografi: tutto può essere rivolto contro di voi. Date una occhiata anche all'agendina telefonica: un numero che considerate innocente potrebbe un giorno esservi fatale.

I signori Salvo, grandi e rispettati esattori, prestavano la loro automobile blindata agli illustri personaggi di passaggio. Offrivano quindi protezione alle autorità.

L'imprenditore Stefano Bontate, che ci ha rimesso la pelle nella sfida con i corleonesi, frequentava anche rappresentanti del mondo della stampa e degli affari. Godeva, come si dice, di un certo rispetto.

Quando gli americani progettano lo sbarco sull'isola, anno 1943, mandano in avanscoperta Lucky Luciano. Sanno che il prefetto Mori non ha debellato del tutto «l'onorata società», che può sempre essere rimessa in servizio. Tornerà ad avere il suo peso nella gestione del potere, si sposterà dalla campagna alla città, darà la sua collaborazione, ma non disinteressata.

Salvatore Lucania, nato a Lercara Friddi, quando sbarca sotto la statua della Libertà è digiuno da quattro giorni; quando riparte da «indesiderabile» è considerato «il re della droga».

Luciano, mi spiegò a Brooklyn padre Luigi Gigante, il cui fratello ha avuto a che fare con l'Fbi, «rese apprezzati servizi agli Stati Uniti in guerra, con il suo intervento evitò sabotaggi e fastidi alle navi che attraccavano a New York, facilitò le operazioni in Sicilia, stabilì collegamenti con gli amici di laggiù. In cambio ottenne la libertà e il rimpatrio».

Mi ha confermato Tommaso Buscetta: «Sapevo che la mafia lo aveva accolto e gli aveva dato una mano».

Ci sono storici che hanno dubbi su queste trame, ma una cosa è sicura: l'Us Army avanza per 180 chilometri senza incontrare alcuna resistenza e i primi sindaci che nomina sono Genco Russo a Mussumeli e Calogero Vizzini a Villalba, due «mammasantissima».

L'interprete delle forze Usa a Napoli è Vito Genovese, quello descritto da Mario Puzo nel *Padrino*, che aveva una curiosa morale: «Può rubare più un avvocato armato di scartoffie che mille uomini armati di pistola». Era ricercato a New York per omicidio e Vittorio Emanuele III lo aveva nominato commendatore della Corona.

L'interprete di Charles Poletti, governatore di Palermo, è il figlio di un barbiere emigrato negli States. Si chiama Vito Ciancimino.

Quando muore, nel luglio del 1954, Calogero Vizzini, sulla facciata della chiesa, tra drappi neri, appare un grande epitaffio che esalta le virtù del defunto: «Con l'abilità di un genio / innalzò le sorti del casato / ... e si fece un nome assai apprezzato / in Italia e fuori. / Fu un galantuomo».

C'è un verso di Goethe che viene citato nelle antologie scolastiche e nei discorsi impegnati: «Conosci tu il paese dove fioriscono i limoni?».

Calma: pensateci un momento. Io ne ho un'idea assai vaga. Non è solo Pirandello, Sciascia, Brancati o Rosso di San Secondo: è un posto dove spesso si guadagna di più a non lavorare, dove uno spazzino dà in subappalto un pezzo di marciapiede, dove anche i mendicanti si dividono il territorio: mai più di uno all'uscita della messa.

La trattativa e il compromesso fanno parte della vita quotidiana: e i misteri, fino a qualche tempo fa, cominciavano proprio al Palazzo di giustizia. Un campionario di chiacchiere, di pettegolezzi e di indiscrezioni che avrebbero screditato non solo un tribunale, ma anche un saloon o una bottega di barbiere.

Girolamo Li Causi, un integerrimo comunista, denunciò con un discorso alla Camera i troppo cordiali rapporti tra Francesco Paolo Coppola, detto «Frank tre dita», ex gangster americano, e il giornalista Santi Savarino; mostrò anche una lettera che cominciava: «Caro Don Ciccio, ricambio con caro affetto la sua cara amicizia. Sono di Partinico e ci comprendiamo benissimo». Santi Savarino fu eletto, proprio a Partinico, senatore della Dc.

E qualcuno ricorda come finì la storia di Salvatore Giuliano? Lo Stato trattò con le cosche e il cugino Pisciotta lo fece fuori. Le autorità inventarono un epico scontro e uno straordinario cronista, Tommaso Besozzi, smontò la menzogna. Che cosa ottennero in cambio? E quali conseguenze ha avuto, allora, la rivalità tra polizia e carabinieri, tra Mangano, questore, e Milello, ufficiale dell'arma, e la protezione che certi giudici concessero a squallide figure?

Sicilia crudele, che uccide anche con le parole, perché c'è chi predica la filosofia del sospetto. Difficile raggiungere certezze. Si combatte a colpi di voce, dossier, indiscrezioni, smentite, verbali, versioni ambigue, particolari esasperati fino a diventare indizi. Non si salva nessuno. «La mafia non esiste, è un'invenzione dei reporter» spiegava un esperto, Joe Adonis. Lo confermano anche certi cardinali: fantasie.

Quando le cose non funzionano, da Roma arrivano i soccorsi. Che sono pattuiti: qualcosa bisogna pur dare. È uno scambio di favori: opere pubbliche, appalti, soldi; e dall'altra parte: voti.

Che si travasano da una lista all'altra, a seconda delle circostanze e senza problemi di coscienza. Semplici opportunità. L'ultima volta che si è presentato agli elettori l'onorevole Salvo Lima ha ottenuto 240.000 consensi. Non è facile capire.

E neppure scegliere da che parte stare, per chi batterti. Si attaccano i vivi e si compromettono i morti. Si distruggono reputazioni, anzi: uomini. La Sicilia è un'isola bagnata dal mare e dalle lacrime.

Socialisti

La fondazione, in un caldo giorno di agosto, in una trattoria di Genova. Si chiamava Partito dei lavoratori. Tre anni dopo cambiarono nome: diventò socialista.

Era gente candida e appassionata: discutevano di emancipazione, di società umana, di sfruttati e di sfruttatori. La crisi è arrivata qualche mese fa, al quarto piano di un bel palazzo di piazza del Duomo, a Milano: un grande ufficio, 348 metri quadrati, dalla soffice moquette rossa, porte a vetro blindate, telecamere. Sede, ufficialmente, dell'Istituto europeo di studi sociali. Recapito, per un paio di giorni ogni settimana, dell'onorevole Bettino Craxi. Un uomo che ammette: «Parlano come se fossi morto. Mi hanno seppellito. Meno male che ho fatto i buchi nella bara e respiro».

Ma è triste e sconsolato. Confessa ad Augusto Minzolini: «Sto perdendo la memoria. C'è bisogno che qualcuno mi aiuti a ricordare date ed episodi... Mi sento molto logorato nel fisico...».

Pensa di essere vittima di una campagna di denigrazione. Una perfida manovra per buttarlo fuori da quelle accoglienti stanze: dalle parti della Galleria abitavano anche Turati e Anna Kuliscioff.

Centoventitré pagine di verbali giudiziari forse riportano alla sua memoria fatti o incontri che il tempo e la stanchezza avevano cancellati. Lo hanno riconosciuto tutti: la politica ha un prezzo, ma gli italiani lo hanno pagato più di una volta. Anche Craxi, in un discorso pubblico, ha ammesso che «il finanziamento dei partiti è stato irregolare e illegale».

E la stessa città di quei riformisti, il cui Karl Marx assomigliava un po' anche a Garibaldi e a Gesù Cristo, è diventata Tangentopoli. E poi «le mazzette», come ha commentato l'ironico compagno Formica, non finivano sempre nelle casse romane per alimentare il tripudio dei congressi e le battaglie per l'ideale, perché «il convento è povero e i frati sono ricchi».

L'*Avanti!* ha accumulato più di 30 miliardi di deficit, e in Lombardia non passa i 3000 lettori; dalla sede di corso Magenta 57 bisogna sloggiare: «Una gestione dissennata» dicono «e non c'è più un quattrino».

Il romanzo è scritto negli atti giudiziari: e Craxi dovrà difendersi non solo dalle accuse, ma anche dalle ore dell'amarezza. Si sentirà tradito dagli alleati, che ora non garantiscono più nessun appoggio, ma lanciano l'allarme e stabiliscono il distacco: «Si salvi chi può», ma anche dai vecchi cortigiani: comandava dal 1976, e nessuno aveva il coraggio non dico di alzare la voce, ma di avanzare una pacata critica. Come ha raccontato Margherita Boniver, una beneficata, distribuiva incarichi e programmava carriere: l'onorevole Forte, per esempio, era stato promosso ministro tre volte. «Due e mezzo» ha precisato. La terza dovette anche accontentarsi: sottosegretario.

Non sono stato dalla sua parte, ma non mi piace lo spettacolo dei servi che adesso si ribellano. Questo, credo, Craxi proprio non se lo aspettava. È un colpo che ferisce il suo orgoglio. Ancora il 23 dicembre, riepilogando, forse, le sue vicende, affermava, sempre con quel fondo minaccioso che distingue il suo carattere: «Non mi hanno indebolito, ma rafforzato». Forse credeva ancora che è possibile «uscire bene da questa tempesta».

Se gli va male, non cade in piedi: la caparbietà, che per qualcuno è arroganza, lo costringerà a sedersi, e in un angolo oscuro, lui ormai abituato alla ribalta luminosa del potere.

Ha un'età difficile: troppo presto per ritirarsi, troppo tardi per cambiare. Ha detto il cognato Pillitteri, a chi gli chiedeva: «Che farà?». Risposta: «Ma che domanda! La politica».

Non sarà semplice: non perdonarono a Churchill, che aveva vinto, e a Mendès-France, che aveva capito. Un sondaggio ha rivelato che il 92 per cento degli italiani pensa che hanno fatto bene i magistrati a indagare su Craxi, 72 che dovrebbe dimettersi. Perché vuole sfidarli? La sconfitta elettorale del 13 dicembre ha segnato la sua sorte in via del Corso, e anche i feudatari si sono ribellati. Due giorni dopo gli arrivava il primo avviso di garanzia. Finito Bettino Craxi, e con lui il Psi.

Sordi Alberto
(1920)

Sapevamo che la più amata dagli italiani è la cucina Scavolini; dobbiamo a Pippo Baudo la notizia che il più caro al nostro popolo è Alberto Sordi. Albertone non rappresenterebbe soltanto un colorito personaggio di Trastevere, ma interpreterebbe la psicologia del cittadino medio, sarebbe, in poche parole, un eroe nazionale.

Secondo la bravissima Miriam Mafai, Sordi viene diritto dalla commedia plautina; secondo me, dal Teatro Jovinelli, con i comici Bambi, Brugnoletto e via dicendo.

Sullo schermo rappresenta un tipo di pataccaro presente e operante anche in Parlamento, nella diplomazia, negli affari. È uno che fa capire di contare moltissimo, di sapere e di potere, cinico, sbruffone, desideroso di riuscire in ogni modo simpatico a quello che considera un possibile superiore e padrone.

È vero che quella di piacere è una vocazione molto diffusa, ma non mi sembra una caratteristica peculiare ai sudditi di questa Repubblica. Non credo neppure che un giochetto televisivo vada oltre un valore indicativo: opponeva, per esempio, la signora Levi-Montalcini e Leonardo Sciascia ad Adriano Celentano.

Ho conosciuto Enrico Fermi: non ricordo che si distinguesse per cordialità. Ho letto la biografia di Madame Curie, scritta dalla figlia Eva: come se la sarebbe cavata in un confronto con Raffaella Carrà? Davvero la maggioranza degli abitanti della Penisola è fatta di sfrontati e di furbacchioni, di opportunisti, pronti a ogni vigliaccheria, pur di sopravvivere? Ma questo è il «Bel Paese» solo perché esiste l'omonimo formaggio? E allora sbaglia Moravia quando ci attribuisce, come «qualità straordinarie», la gentilezza e la mancanza di retorica? E Stendhal che ci trovava più semplici e più spontanei dei francesi? E quello scettico che fu Il'ja Erenburg, che confessa nelle memorie: «Ritengo che una delle componenti del carattere italiano sia la bontà»?

Non è mia intenzione erigermi a sceriffo delle cause patriottiche e delle virtù sociali, ma mi ostino a non individuare in Alberto Sordi, attore ammirato, un simbolo o una bandiera. Perché il bullo romano e non il bauscia milanese? E il servo di piazza, il ruffiano delle commedie goldoniane? Non è più attuale?

A chi vogliamo dar retta: a Fellini che racconta *La dolce vita*, al Censis che ci descrive opulenti e tristi, ai sondaggi o alle sensazioni? Ma se perfino le teste, intese come cranio, sono tanto diverse: c'è il modello dinarico, quello padano, quello alpino e quello che nel Veneto si chiama *pomo* in Calabria diventa *milu*.

Certo, un'«astuzia esistenziale», chiamiamola così, è sempre esistita, il *faut vivre* lo dicono anche Oltralpe, Ludovico Ariosto sposa Alessandra Benucci in segreto per non perdere certi benefici ecclesiastici. Insegue le sue fantasie, ma accetta la scomoda funzione di governatore della Garfagnana, anche se l'incarico non gli è gradito.

Guicciardini, per difendere il suo «particulare», resta al servizio dei papi che odia «e se non fossi questo rispetto avrei amato Martin Lutero quanto me medesimo».

Giovanni dalle Bande Nere passa senza problemi dalle forze pontificie ai francesi. Si usa.

Guardiamoci attorno e seguiamo le cronache. Alberto Sordi è bravissimo, ma gli si addicono più le stornellate che l'Inno di Mameli.

Tangentopoli

Dal *Diario* di Kafka, settembre 1911, Milano: «Dimenticata la guida in un negozio. Torno indietro ed è rubata». Sembrerebbe quasi un antico vizio locale, ma non è così. È andata alla deriva un po' tutta l'Italia e perfino la Chiesa ha dovuto far presente ai sacerdoti che bisogna distinguere tra la cassa del parroco e quella della parrocchia.

Tangentopoli, dunque, non è una città: è una capitale. Non è vero che tutti sapevano: molti intuivano, ma pochi, o forse nessuno, erano in grado di valutare l'ampiezza del triste fenomeno. Mentre qualcuno riempiva il sacco, altri lo nascondevano e nell'impresa si sono compromessi politici, burocrati, imprenditori, portaborse, portaordini e intellettuali di pronto intervento.

Il 17 febbraio 1992 finisce in manette l'ingegner Mario Chiesa, presidente del Pio Albergo Trivulzio, più noto come «la Baggina»: un ricovero per i vecchi. Gli sequestrano 7 milioni, una miserabile bustarella, e Bettino Craxi definisce il compagno pescato nel momento dell'incasso «un mariuolo».

Dopo un mese trascorso a San Vittore, il birichino decide di parlare e uno sconosciuto magistrato, Antonio Di Pietro, diventa un eroe nazionale: comincia l'operazione «Mani pulite» e ogni sera la tv dà, oltre alle consuete previsioni del tempo, il bollettino degli arresti. La classe dirigente entra in crisi: il Psi è travolto e distrutto, la Dc deve cambiare nome. Anche i comunisti, e i probi repubblicani, e i quasi inesistenti liberali, entrano nella grande inchiesta e in qualche prigione.

La questione morale, su cui Bettino Craxi ironizzava, non era dunque l'invenzione di alcuni «sfascisti». Adesso Tangentopoli è diventata anche un videogame: nel *floppy disc* c'è un magistrato che va all'assalto del Palazzo e becca con gli avvisi di garanzia Bettino, il socialdemocratico Longo e Cirino Pomicino, democristiano, colti mentre stanno ingoiando poltrone e mazzette. Uno spasso.

Superstizione

Lo avrebbero stabilito tre medici inglesi: le linee della mano non mentono. Guardate bene il palmo: c'è scritto il vostro destino. Nella pelle è tracciata la parabola della vita; parte dalla base dell'indice, affermano gli esperti britannici, e si distende verso il braccio: se c'è qualche segnetto trasversale, brutta faccenda; se si interrompe subito: guai imminenti.

È una vecchia diceria nella quale sembra venne coinvolto anche Leonardo da Vinci, ritenuto solitamente persona seria. Il quale sarebbe andato a fare un controllo su alcuni caduti durante una guerricciola: se la teoria era vera, avrebbero avuto tutti la stessa traccia premonitrice. Non la vide e continuò a pensare, suppongo, che anche a chi ha lo sguardo acuto è difficile individuare, su qualche centimetro di epidermide, l'incidente automobilistico, l'epidemia di influenza tipo la micidiale «spagnola», una improvvisa intuizione di Mussolini che ti manda ad affrontare l'inverno russo.

Ho paura dei veggenti e condivido l'affermazione biblica: «Beato l'uomo perché non conosce la sua sorte». In ogni caso, ho dato una rapida occhiata al mio arto sinistro: bellissimo. Attenti, però, alle mani lunghe.

Gli italiani, in genere, vogliono sapere: il loro rapporto con il mistico e l'invisibile è intenso. Esercitano 150.000 maghi che combinano affari ogni anno per 1000 miliardi e sono protetti da sindacati e da albi corporativi.

I giornali ospitano la loro pubblicità e qualcuno appare anche in tv. Ai tradizionali chiromanti, cartomanti e veggenti si aggiungono gli ufologi, i pranoterapeuti, gli spiritisti, i sensitivi, i rabdomanti, i radioestesisti.

Hitler aveva il suo astrologo di fiducia, come la famiglia

Reagan; Eisenhower si affidava ai tarocchi; tutti cercano di prevedere il futuro.

Ma c'è anche chi crede nell'oroscopo perché, secondo il filosofo Theodor W. Adorno, «soddisfa i desideri di persone convinte che altri sappiano su di loro e su quello che devono fare più di quanto non siano in grado di decidere da sé».

Quattro compatrioti su 5 lo consultano sui giornali e sulle riviste: le donne con maggiore intensità.

La chiaroveggenza è così diffusa, e la buona fede tanto carpita, che Piero Angela si è fatto promotore di un comitato di controllo di fatti presentati come paranormali e del quale fanno parte anche alcuni premi Nobel, come Rubbia e la signora Levi-Montalcini, e l'astronoma Margherita Hack. Credo, purtroppo, con risultati modesti.

Siamo nelle consuetudini, che vanno rispettate. Si tengono convegni, a San Leo, per ricordare la memoria e le opere di Cagliostro, avventuriero e mago, che fu condannato dall'Inquisizione e che oggi, assicura Umberto Eco, per quei reati verrebbe assolto.

Aveva fondato un rito egizio-massonico: e allora? Garantiva di essere in grado di trasformare qualsiasi metallo in oro: e che fanno certi raccoglitori di fondi di investimento? Guariva i malati che parevano condannati: e dove è reato?

Quando stava per andarsene, a poco più di cinquant'anni, chiuso in una cella chiamata «del Pozzetto», che adesso è meta di turisti, commentò con distacco: «Il mondo è sempre uguale. Gli uomini non imparano nulla, ricadono a ogni generazione negli stessi errori».

Tasse

Quella che il governo definisce «manovra finanziaria», per la gente è una stangata. Che ha sempre un tono punitivo: siete stati cattivi e adesso pagate.

Poi c'è l'«una tantum»: gli incolti pensavano fosse una versione del *Tantum ergo*, ma si sono resi subito conto, anche se il latino è più che mai una lingua morta, che è un'imposta tutt'altro che saltuaria. Infatti è arrivata la «minimum tax».

Questo è un Paese di santi, di poeti, di navigatori e, soprattutto, di evasori fiscali. Si distinguono, secondo gli esperti del ramo, in questa larga categoria, artigiani, commercianti, medici, avvocati e piccoli imprenditori: ci sono pellicciai, ad esempio, che fatturano e dichiarano 360 milioni, ma solo mezzo di guadagno, salumieri che arrivano a poco più di 10, macellai, poveracci, che si fermano a 9.

Si calcola che sfuggono al fisco 200 mila miliardi.

Gli artigiani, irritati dalle denunce, si rivoltano e accusano le grandi aziende, le SpA, di non dichiarare i profitti: 60 su cento lo farebbero regolarmente.

Si parla spesso di Al Capone, che finì dentro non come assassino e ricattatore, ma come contribuente disonesto: eppure gli americani pagano meno degli inglesi, che pagano meno dei francesi, mentre noi siamo tartassati come i belgi.

Esistono 200 diversi tributi, di cui soltanto 16 rendono sul serio allo Stato: ce ne è perfino uno, inventato con Regio Decreto oltre un secolo fa, sugli strumenti di misura: metri, litro, bilancia, e sono tenuti a rispettarlo anche gli alberga-tori «con trattoria e stallaggio». Ce ne è un altro sui balconi: non affacciatevi, cosa c'è poi di bello da vedere?

L'Italia è retta da non meno di 150.000 leggi (6000 la Francia, 10.000 la Germania): anche volendo agire a fin di bene, è quasi impossibile rispettarle.

Tenore
(Mario Del Monaco, 1915-1982)

Andai con Sandro Bolchi a trovarlo nella villa di Lancenigo. Era una dolce giornata autunnale, con i tenui colori del Veneto. Nel viale scricchiolavano le foglie secche.

Non ho mai conosciuto nessuno che, come lui, rappresentasse con tanta forza la figura del Grande Tenore. Aveva tutto: il fisico, la voce, i modi, le astuzie, forse anche quel tanto di improntitudine che occorre per dominare le platee.

Parlo di Mario Del Monaco: si sentiva giustamente l'erede più accreditato di Caruso e di Gigli. E si comportava da divo.

Era ancora molto bello, nonostante si avvertissero i segni della malattia, e l'antica aggressività, la voglia tenace di vincere avevano lasciato il posto alla rassegnazione e alla malinconia. Ma, quando rievocava il passato, il tono si faceva più acceso, vibrante. Saltavano fuori le furberie del teatrante: a Maria Callas, che organizzava il lancio di fiori, disse con franchezza: «Se non la pianti, trasformerò la Scala nel Musocco».

Non aveva, neppure lui, un carattere conciliante e pretendeva la sua parte di successo. Riconosceva lo straordinario talento di Maria, ma ricordava che, con la sua forza vocale, la metteva in difficoltà: e la primadonna dava la colpa alla cattiva acustica del palcoscenico. Preferiva la gentile Tebaldi, buona compagna di tante recite, «angelo» non soltanto nel gorgheggio, ma anche nei rapporti umani.

Parlava dei trionfi e del passato, non per risentire gli applausi della folla, ma per celebrare il suo carattere di ferro, che gli aveva fatto superare tante difficoltà. La carriera l'aveva costruita da solo. Trentacinque anni in giro per il mondo, a cena da Chruščëv o dall'imperatore del Giappone, a caccia con il maresciallo Tito o a prendere il tè dalla regina madre d'Inghilterra, dischi, film, Rolls-Royce con le maniglie d'oro e ville con piscina, e sempre con accanto Rina, la moglie. Quattrocento rappresentazioni di *Otello*: chi mai arriverà a tanto? Chi ripeterà il suo Andrea Chénier?

Nessuno scandalo, nessun contrasto, almeno per le cronache, e anche le prove più difficili superate sempre con estrema dignità: uno spaventoso incidente automobilistico, dal quale uscì a pezzi, una pesante epatite virale e infine quel rene che lo ha ucciso. Ha resistito con coraggio, perché amava tante cose, la musica e la pittura, la campagna e la buona compagnia.

Anche le sue liti facevano spettacolo; come quando, con validi motivi, bisticciò con Roberto Rossellini che, all'Arena di Verona, lo aveva fatto entrare in scena avvolto da una nuvola di fumo che lo rese muto. Voleva piantare lì, ma poi si rianimò con una bevuta di whisky, lui che era astemio, e conquistò ventimila scatenati che volevano sbranarlo.

Ma sapeva anche riconoscere i suoi torti; c'era un critico americano che trovava primitiva la sua interpretazione di Otello, che non è un moro selvaggio, come spesso lo mostrano, ma un nobile e raffinato signore. Voleva sfidarlo a duello, poi si convinse ad ascoltarlo. E cambiò registro, tenne conto dei suggerimenti. Diventò ancora più bravo.

Guardammo insieme la registrazione dell'ultimo concerto, a Parigi: si era ritirato dalla ribalta che era ancora bravissimo. «L'intramontabile», come lo avevano definito, chiudeva per sempre i bauli con i costumi di tanti infelici eroi: nel suo repertorio c'erano trenta melodrammi, diceva addio al pubblico che gli aveva dato tutto: fama e quattrini. Riconosceva, perché era religioso, che doveva tanto alla Madonna delle Grazie. Tranne la salute. Ho in mente l'ultima parola che disse: «Morire». C'era dentro tanta disperazione.

Terrorismo

Francesca Mambro, la «terrorista di destra» accusata della strage di Bologna, ha detto che la sua vicenda «è normalissima». Nelle sue traversie ci sono rapine, omicidi, furti, ferimenti. E, accusano, quella bomba di un giorno d'agosto, alla stazione. Ha cominciato da adolescente: quattordici anni e a ventiquattro era già dentro, adesso ne ha pochi di più.

E perché? Per una questione di «autoaffermazione». Doveva dimostrare che lei c'è e che non ha paura di nulla: né di ammazzare né di essere colpita. Era infatti considerata «la primula nera».

Le ho parlato una volta, nella pausa di un processo. Mi colpirono l'aspetto, curato, semplice, i modi sicuri e alcune affermazioni: «La mia generazione» disse «non conosce la parola rimorso».

Non c'era in lei alcun rimpianto per quello che aveva fatto o pensato: e mi spiegò che «autoaffermazione è voler decidere anche della propria esistenza».

Figlia di un sottufficiale di polizia, aveva paura della rivoltella di ordinanza del padre: ma poi lei e quelli del suo gruppo erano arrivati a certe conclusioni che prevedevano anche lo sparare. «Siamo cresciuti» disse «con la pistola in mano.»

Non la ossessionava neppure il pensiero dell'ergastolo: «Non è quello il problema. Spero di non entrare nei meccanismi della galera e di mantenere i miei equilibri».

Le chiesi se si domandava mai chi è Francesca Mambro. Rispose pacatamente: «Una persona che ha vissuto come credeva più giusto».

Togliatti Palmiro
(1893-1964)

Sono passati cento anni dalla nascita di Palmiro Togliatti e non so quanti dal momento che i comunisti hanno smesso di chiamarlo «il Migliore». L'*Unità* ha dedicato quattro pagine alla ricorrenza, e ha fatto bene, perché chi non ha passato difficilmente può costruire un avvenire.

Mi ha colpito, in un articolo evocativo, dal titolo: «Ambiguo? No, tormentato», una battuta riferita da Nilde Iotti. Stanno rientrando in treno da Mosca dove hanno vissuto «un momento di grande preoccupazione». È il 1950 e Stalin vuole che il segretario del Pci si trasferisca a Mosca per dirigere il Cominform. Ma Togliatti, che conosce gli usi e i costumi del grande capo, e che forse ha in mente i guai che procura il socialismo reale, riesce a sfuggire all'invito e, rientrando all'alba, dopo una notte sfibrante di polemiche, dice soddisfatto: «Ce l'abbiamo fatta».

Ha tutti i motivi per ritenersi appagato, ma il momento più allegro deve ancora venire. «Quando lasciammo la zona di occupazione russa dell'Austria,» racconta ancora l'onorevole Iotti «ricordo che Togliatti esclamò: "Finalmente siamo liberi".»

Intanto i compagni continuavano a credere che l'Urss fosse il possibile paradiso, patria di ogni libertà. Quanto tempo c'è voluto per riconoscere alcune menzogne: a me ha fatto anche una certa impressione sentire l'onorevole Armando Cossutta che durante un dibattito televisivo riferiva che dall'Unione Sovietica arrivavano non solo consigli, come si supponeva, ma anche rubli, come si mormorava.

È noto però che dagli Stati Uniti, oltre agli aiuti dell'Unrra, partivano anche pacchi di dollari per i partiti di governo, ma è evidente che ci vuole pazienza perché la cronaca diventi finalmente storia.

Pietro Nenni diceva che Togliatti era «una macchina cerebrale»; Benedetto Croce gli scriveva: «Lei è *totus politicus*, e penso che talvolta debba patirne». Invece il ritratto che ne traccia la signora Iotti, la sua compagna, è quello di un uomo «affettuosissimo, delicato, molto attento».

Si alza alle 6, e si prepara il caffè da solo, lavora, scrive fino alle 8 e mezzo, poi va al partito e rientra alle 2. Nel pomeriggio è sempre alla Camera. Dopo cena legge, ascolta musica classica – il preferito è Mozart –, aiuta Marisa, la figlia adottiva, a fare i compiti. La domenica, lunghissime passeggiate sulle colline, ai castelli.

In casa non parlava mai del lavoro, non aveva nessun attaccamento alle cose, accettava le prove che gli erano imposte dalle sue scelte senza rimpianti. Si rammaricava solo per alcune casse di libri che non gli erano mai arrivate dall'Unione Sovietica. Degli avversari rispettava più di tutti Alcide De Gasperi, anche se provava per lui un certo risentimento: credeva alla possibilità di un discorso con la Dc, e si sentiva deluso.

Ammirava Stalin, mi disse una volta la signora Nilde Iotti, «come lottatore duro e tenace», lo aveva incontrato in tre o quattro occasioni, fu colpito dal racconto che Chruščëv fece al XX Congresso del Pcus, ma con Nikita non c'erano affinità, almeno culturali.

Faceva il tifo per la Juventus e teneva nel portafogli il calendario delle partite del campionato, e polemizzava con Dozza, tifoso rossoblù e sindaco di Bologna.

Quante cose sono accadute dai giorni in cui i dirigenti di Botteghe Oscure erano braccianti, ex partigiani, ex carcerati e reduci dal confino, quando Urss voleva dire pace e Usa guerra, quando Mario Alicata si arrabbiava con Croce perché non prendeva sul serio Stalin come filosofo (piaceva molto anche come linguista) e sull'*Unità* si leggevano versi nei quali si riconosceva al maresciallo anche il non trascurabile merito di anticipare la primavera, quando non c'erano dubbi sull'Urss come Stato guida.

Allora il mondo era diviso in due, da una «cortina di

ferro» (definizione di Winston Churchill) e adesso gli Usa stanno studiando un nuovo Piano Marshall per soccorrere i paesi dell'Est, e sul Cremlino non sventola più la bandiera rossa che fu, per milioni di credenti, un simbolo di speranza.

Palmiro Togliatti aveva conosciuto la crudeltà di quel mondo, aveva visto sparire molti degli ospiti dell'Hotel Lux dove alloggiava con Rita Montagnana e con tanti altri fuggiaschi dai paesi capitalisti, o dalle dittature fasciste.

Andò anche a combattere in Spagna e, quando ritornò nel decrepito albergo, ricevette una visita del cognato Paolo Robotti, che aveva conosciuto le celle della Lubjanka e i sistemi investigativi dell'Nkvd.

Togliatti cercò di giustificarsi: «Per quanto ho potuto, certe faccende le ho arginate e impedite, pure essendo lontano. Dovrà venire il momento in cui di tutto quello che è avvenuto si parlerà, e allora capiremo bene, forse, quello che è successo in questi anni».

Ce ne siamo resi conto, e vale anche per Togliatti la battuta di quel nobile, superstite della Rivoluzione francese, che, a chi gli chiedeva che cosa aveva fatto durante il Terrore, rispose: «Ho vissuto».

Mi ha detto Nilde Iotti: «Aveva una sensibilità viva, una forte disponibilità a comprendere. So che l'immagine di lui è diversa, ma io l'ho conosciuto in un altro modo. La freddezza, il cinismo erano una maniera di difendersi da fatti che lo turbavano profondamente, ma la sua intelligenza gli imponeva di accettarli come momenti nel cammino della civiltà».

Nilde Iotti conserva una lettera di Togliatti, spedita da Belgrado, 1946. C'è una frase sottolineata: «Noi costruiremo qualcosa di nuovo».

Non ce l'hanno fatta e dalla loro sconfitta si vedono le conseguenze nelle eredità che hanno lasciato. C'è anche Tangentopoli: i comunisti erano un alibi.

Torino

Piazza San Carlo è il salotto; piazza Carignano la storia. C'è il palazzo, con l'aula che ospitò i primi 433 deputati del Regno d'Italia. C'è il Ristorante del Cambio, con il tavolo dove sedeva Camillo Benso di Cavour: una lapide e due nastri tricolori ricordano lo straordinario cliente. Tutto è rimasto come allora: i divani scarlatti sono sempre gli stessi, così i tavoli in ferro battuto, e un vecchio menù elenca i piatti che venivano offerti al signor conte: lo «stuffadino», il «sambaglione», le «sardelle di Nantes».

Neppure i nobili e la corte erano forti in italiano. La tradizione è ancora rispettata: si servono i tipici agnolotti alla piemontese, i «tajarin», i taglierini, che piacevano tanto al primo ministro di Vittorio Emanuele II, il risotto alla Casa reale o il brasato al vin Barolo. Nel palazzo che è diventato museo si conservano i calchi mortuari di Carlo Alberto e del grande politico che fece l'unità nazionale: e Guido Ceronetti osserva che la maschera di Cavour rivela «il demonismo positivo, l'arte di fare uno Stato, l'unico che sapesse cosa fare e dove andare», mentre quella dell'infelice sovrano svela «un asceta, un redento, con una piega ironica nel taglio delle labbra, e distacco da tutto».

Torino è molto bella, con le colline, il parco del Valentino, il fiume, i viali che fanno venire in mente i boulevard parigini: «È la prima città italiana che si presenta con un piano urbanistico definito» scriveva Giulio Carlo Argan, un famoso critico d'arte, «che, nel Settecento, era sicuramente il più moderno del Paese». I portici di via Roma e di via Po guidano la passeggiata del cittadino ed esaltano piazza Castello: e senti il tono di una antica capitale, che sapeva vivere con dignità e discrezione.

Raccontano i cronisti che anche allora i divertimenti erano decorosi, ma non esaltanti: riviste, corse di biroccini, fiere di beneficenza, caffè concerto. C'era, molto ambito, il «ballo delle tote», organizzato dalle più prestigiose signorine della città per agguantare qualche buon partito. Ma la mondanità era contenuta: i ministri di Sua Maestà, nel pomeriggio, si incontravano in via Po per la consueta passeggiata, andavano in giro fumando il sigaro chiamato Cavour e salutavano togliendosi il cappello di paglia o di feltro grigio. La Società del Whist era il luogo di convegno più esclusivo: bisognava, per entrarvi, avere la tradizione alle spalle. Anche oggi è così.

È a Torino che nasce il cinematografo, nei capannoni dalle pareti di vetro, e a Giaveno si girano perfino dei western, ed è qui che viene fondata la Fiat, Fabbrica Italiana Automobili Torino.

Solo una famiglia su dieci usa, come mezzo di trasporto, l'autobus o il tram.

Trieste

Una volta si chiamava piazza Grande: sul Molo Audace sbarcarono, nel 1918, i bersaglieri; di fronte c'è il municipio, con la torre dell'orologio, che ricorda un poco il Louvre. Poi tanti edifici di grande dignità, tanti bianchi palazzi, come quello che fu edificato, verso la fine dell'Ottocento, dal Lloyd Austriaco, di stile rinascimentale, o la prefettura, dal cui loggiato si può parlare al popolo, con un fregio di mosaici veneziani per decorazione. Ma la città è dominata dalla cattedrale di San Giusto e dal castello che la sovrasta. Il santo è rappresentato da una statua: tiene in mano un modellino della capitale della Venezia Giulia. Dicono: «A Roma i gà San Pietro, a Venessia i gà el leon, per noi ghe xè san Giusto col vecio suo melon».

Un grande poeta, Umberto Saba, così descrive la sua città: «Trieste ha la sua scontrosa grazia. / Se piace, / è come un ragazzaccio aspro e vorace, / con gli occhi azzurri e mani troppo grandi / per regalare un fiore, / come un amore / con gelosia».

La bora, il vento gelido e violento che cala, improvviso, dagli altipiani, frusta le strade e i vecchi edifici che volle Maria Teresa, quando di un borgo trascurato di pescatori e marinai fece il porto più importante del suo impero, un grande centro commerciale. Di quel passato che ebbe le sue glorie sopravvivono poche cose: qualche antico caffè, come quello degli Specchi, o il Tommaseo, e il culto dell'operetta, che in estate trova la sua celebrazione.

Trieste è sempre stata «un crocevia di culture» e un condensato di diversi gruppi etnici: oltre agli italiani, tedeschi, sloveni, altri slavi, ebrei, armeni e gente che arrivava dalle varie terre soggette a Vienna, e convivevano con tolleranza.

Immersa in uno scenario d'incomparabile bellezza, gaia e luminosa, mediterranea e nordica, la città non nasconde il suo piacere di vivere: a Trieste si mangia e si beve bene: ha i suoi vini, come il Refosco e il Terlano, e i suoi piatti, il prosciutto affumicato che si taglia a mano, lo «Stinko de vedel», lo stinco di vitello al forno, il capriolo, il gulash, e la jota, una minestra di crauti e fagioli; ci sono, attraenti, le passeggiate e le osterie del Carso; scriveva Scipio Slataper: «Il mio Carso è duro e buono. / Ogni filo d'erba ha spaccato / la roccia dura per spuntare / ogni fiore ha ricevuto / l'arsura per aprirsi».

E poi c'è la riviera di Barcola, dove si riuniscono i giovani nella stagione dei bagni, e c'è l'amore per la musica, per il teatro e per i buoni libri, e la vela e la pesca e, per chi li ama, gli itinerari letterari: nel castello di Duino fu ospite anche Rilke che vi scrisse le celebri *Elegie*; in via XX Settembre abitava Ettore Schmitz, più noto come Italo Svevo; e in via Bramante arrivò, nell'autunno del 1904, alla Berlitz School, un giovane insegnante di inglese: James Joyce.

Tv

C'è la tv verità, la tv strappalacrime, la tv di piazza, e poi quella che fa spettacolo, e infine, o anche in principio, la tv spazzatura: quella che urla, attacca, polemizza, lancia insulti e anche spruzzi di acqua minerale.

Ha alcuni intelligenti protagonisti che sfruttano il momento e mi ricordano una considerazione di Ennio Flaiano, che diceva pressappoco così: «Questo è un paese dove abbondano i cretini di genio».

Utopia

Secondo Giulio Andreotti, l'utopia non risiede nel paese immaginato da Tommaso Moro, ma al ministero dei Trasporti, a Roma, dove ogni tanto c'è qualcuno che annuncia di volere sistemare le nostre ferrovie.

Vecchiaia

Sono diventato vecchio senza accorgermene, e senza alcuna fatica. Ieri avevo vent'anni. Ho sottolineato, nel suo libro di memorie, una frase di Guy de Rothschild: «La vecchiaia è una disfatta. Bisogna proibirsi di essere vecchi». Ci provo.

Venezia

Dire Venezia vuol dire piazza San Marco: anzi, la sua basilica che, come scriveva Stendhal, è la prima moschea che si incontra andando verso Oriente. Le cupole di stile bizantino, i mosaici della facciata, il pavimento fantastico, gli ori, le colonne e i capitelli, che i marittimi della Serenissima tolsero o rubarono ai templi pagani che incontravano lungo le loro rotte per portarli in laguna, creano questa singolare suggestione. Nata come cappella dogale, la chiesa diventò con il tempo l'anima e il simbolo della Repubblica: era davanti al suo altare che i «capitani da mar» e i generali che guidavano l'esercito ricevevano le insegne del comando, è qui che veniva presentato al popolo il supremo reggitore: «Questo xè missier lo doxe, se ve piase».

Le fondazioni di San Marco sono già di per sé un prodigio: migliaia di pali di legno lunghi 60 centimetri che reggono un pavimento di tavole, e da novecento anni. Ma, a ogni secolo che passa, la splendida costruzione si abbassa di 15 centimetri, e negli ultimi tempi ancora di più, per gli squilibri creati dall'estrazione di metano, dai pozzi artesiani, dal gioco delle correnti: con «l'acqua alta» anche la piazza viene invasa e si ricorre per il traffico dei pedoni alle passerelle.

Venezia ha un suo ritmo, che è uguale da sempre: e bisogna scoprirla passeggiando per le calli o girando per i canali, meglio su una barca silenziosa. Bellissimo è entrarci seguendo l'itinerario dei mercanti, che arrivavano finalmente a casa rasentando gli isolotti, e portando spezie, tessuti e cose sconosciute e preziose.

Poi, la sosta ai caffè famosi, il Quadri o il Florian: accogliente e intimo anche d'inverno, con i suoi sedili di velluto cremisi che nelle sue salette ospitali, dal Settecento a oggi, ha visto passare Tommaseo, Foscolo, Goethe, Madame de Staël, o Thomas Mann, o Hemingway, che preferiva però gli incanti di Torcello e la quiete della famosa locanda, che accoglie pochi clienti privilegiati, e poi i ricchi famosi, le dive del cinema, gli artisti di tutto il mondo. Il Florian quando aprì i battenti si chiamava «Alla Venezia trionfante», ma un centinaio di anni fa venne rifatto, e ogni sala ebbe un nome fastoso: c'è quella delle Scienze e quella delle Stagioni, quella degli uomini illustri, e davanti alle vetrate sfila la vita.

Ed è sulla piazza che, per carnevale, gli Arlecchini, i Pantalone, le Rosaure arrivano dai tanti campielli: si balla nei sestieri e si balla tra le Procuratie, e Venezia diventa un grande palcoscenico, e la gente si veste nelle fogge più strane e colorite, il volto reso misterioso dalla *bautta*, la mascherina di seta o di velluto, che nasconde la parte superiore del volto. Casanova è in agguato.

Verginità

Pare ci sia «un forte ritorno ai valori del passato». Tra queste virtù, o pregi, sembra stia riacquistando peso la illibatezza. Nel salotto di Maurizio Costanzo c'è una assidua frequentatrice, una graziosa studentessa di Modena, che dichiara di «praticare la verginità come forma di perversione». Se ho capito bene, il vizio di dire di no.

Ci sono esempi ormai classici di esaltazione della castità: dall'onorevole Roberto Formigoni all'attrice Brooke Shields. In mille interviste, il 52,7 per cento degli interpellati non dà alcuna importanza alla «purezza». In Sicilia, una volta, era abitudine, dopo la prima notte di nozze, esporre le lenzuola alla finestra, con tracce che dovevano essere evidenti del fatto compiuto: non mi risulta che la pratica sia ancora in uso. E, malignamente, penso alle molte galline inutilmente sacrificate.

Anche nella tradizione letteraria sono scarse le citazioni sul tema: Ariosto: «La verginella è simile alla rosa»; Dante: «Vergine madre, figlia del tuo figlio»: e siamo già nell'eccelso.

«Vu' cumprà»

Allora: la flotta è salpata e i reggimenti vigilano sulle coste e alle frontiere. Per i neri, i gialli e i viola i tempi si fanno ancora più difficili. Ma la politica italiana è tanto complicata: da queste parti, come in tutto il mondo, del resto, la gente è buona o cattiva, ma quelli che detengono il potere sono signori che non hanno molte idee e, in qualche momento, anche contraddittorie e confuse.

È brutto chiamare gli stranieri «vu' cumprà», o è anche un po' affettuoso? Sono troppi, non sappiamo come sistemarli, ma non si potrebbe anche tentare di conciliare una regola giusta con un comportamento umano? Proprio noi, che mandavamo in giro i nostri compatrioti con il passaporto rosso, ammucchiati sui piroscafi che li portavano, in ogni senso, in «terre assai luntane»?

Quante offese avevano sopportato i piccoli siciliani e i piccoli napoletani, sbarcati con la valigia di fibra e il bottiglione dell'olio a Ellis Island. Li chiamavano «testa di brillantina», per quei capelli lucidi e divisi dalla riga come li portava Rodolfo Valentino nel *Figlio dello sceicco*; «dago», che vuol dire uno che viene dall'Italia; o «macaroni», che non ha bisogno di spiegazioni.

Un ragazzo su cento andava a scuola, gli altri crescevano sui marciapiedi di Hell's Kitchen picchiandosi con i polacchi e gli irlandesi, andando a rubare alla ferrovia o ai carrettini della frutta. Avevano capito che in America, ma anche altrove, per la verità, senza soldi non sei nulla. Qualcuno ne volle tanti, e alla svelta.

Molti non sapevano né leggere né scrivere, molti di loro ancora adesso dicono «carusi» per bambini, «giobbo» per lavoro. Non siamo tutti uguali: e negli Usa mandammo Enrico Fermi e Al Capone, e pazienza: ci sono stati anche un Dillinger, e Bonnie e Clyde e non erano di Castellammare del Golfo.

Pensavo a queste storie seguendo le cronache del Parlamento e anche quelle della malavita: e mentre davo il solito obolo al solito giovanottone dalla pelle scura che ti offre l'accendino.

Anche tra loro ci saranno tipi di ogni genere: spacciatori di droga, cialtroni o possibili violenti, ma circolano lavamacchine che hanno una laurea in ingegneria, o cameriere che possiedono un diploma. Certo, è una massa di disperati, che tentano di sopravvivere: so, quasi sempre, da dove vengono, quali tragedie lasciano alle spalle. Buttarli fuori è una crudeltà, ma lo è anche lasciarli andare alla ventura, quando c'è una mezza Italia che è una grande Harlem, o la periferia di Washington, o le bidonvilles delle città americane, con tante antenne tv, e centinaia di migliaia di «vu' cumprà» bianchi, che sono nostri fratelli.

Zotico

Parola quasi in disuso: sta per becero, grossolano, maleducato, screanzato, volgare: lo si è detto del senatore Umberto
Bossi, quando da un palco, durante un comizio, ha proclamato: «I leghisti lo hanno duro».

Un esempio classico di tipo rozzo è il villano Bertoldo, il
quale morì, come tutti sanno, «con aspri duoli / per non poter mangiar rape e fagiuoli».

Ma, spiega Pietro Camporesi, «Bertoldo è saggio», e ben-
ché la natura non lo abbia favorito per l'aspetto «era molto
arguto e pronto nelle risposte». Così dice Giulio Cesare
Croce. Infatti insegna che «chi non ha del suo non può
darne agli altri», e ancora: «L'acqua cheta e l'uomo che tace,
non mi piace».

INDICE DEI NOMI

INDICE GENERALE

Finito di stampare nel mese di settembre 1993
presso il Nuovo Istituto Italiano d'Arti Grafiche
Bergamo

Printed in Italy